수용의 기적
두 번째 탄생

BORN ONLY ONCE: The Miracle of Affirmation

Conrad W. Baars

Originally published in English as Born Only Once: The Miracle of Affirmation by Wipf and Stock Publishers, Eugene, OR, USA.
Original English edition copyright © 2016, Suzanne Barrs.
This limited edition licensed by special permission of Wipf and Stock Publishers(www.wipfandstock.com) through arrangement of rMaeng2, Seoul, Republic of Korea.
All rights reserved.
This Korean translation edition © 2017 by ST PAULS Korea, Seoul, Republic of Korea.

이 한국어판의 저작권은 알맹2 에이전시를 통하여 Wipf and Stock Publishers와 독점 계약한 성바오로출판사에 있습니다.
신저작권법에 의하여 한국 내에서 보호받는 저작물이므로 무단 전재와 무단 복제를 금합니다.

수용의 기적 두 번째 탄생

발행일 2017. 11. 10

글쓴이 콘래드 W. 바스
옮긴이 김인호 · 장미희
펴낸이 서영주
총편집 서영필
편집 손옥희, 김정희 **디자인** 송진희
제작 김안순 **마케팅** 최기영 **인쇄** 영신사

펴낸곳 성바오로
출판등록 7-93호 1992. 10. 6
주소 서울특별시 강북구 오현로7길 20(미아동)
취급처 성바오로보급소 **전화** 944-8300, 986-1361
팩스 986-1365 **통신판매** 945-2972
E-mail bookclub@paolo.net
인터넷 서점 www.**paolo**.net
www.facebook.com/**stpaulskr**

값 13,000원
ISBN 978-89-8015-900-0
교회인가 서울대교구 2017. 4. 4 **SSP** 1052

이 도서의 국립중앙도서관 출판예정도서목록(CIP)은 서지정보유통지원시스템 홈페이지(http://seoji.nl.go.kr)와 국가자료공동목록시스템(http://www.nl.go.kr/kolisnet)에서 이용하실 수 있습니다. (CIP제어번호 : CIP2017028351)

Born Only Once

수용의 기적
두 번째 탄생

콘래드 W. 바스 글 | 김인호 · 장미희 옮김

차례

서문 _009

1 당신은 있는 그대로 수용받는 사람인가? _013

2 있는 그대로 수용받는다는 것 _037

3 수용의 반대 _065

4 수용받은 사람의 초상 _087

5 무익한 자기 수용 _113

6 애정 결핍에서 수용으로 _151
당신 자신과 다른 사람을 위하여 무엇을 할 수 있는가?

7 수용 _185
우리 시대의 기적

부록 1 **자기주장과 공격성** _205

부록 2 **수용과 행복** _210

감사의 말 _214

후기 _220

두 번째 탄생을 거부당해 온 사람들에게

이 책을 사랑받지 못하고 환영받지 못한다고 느끼는, 외롭고, 친구를 사귀지 못하고, 다른 사람들과 관계를 맺지 못하는 사람들에게 그리고 열등하고 미숙하다고 느끼고, 불안하게 느끼고, 자기 자신에 대하여 확신이 없고, 정체성이 없다고 느끼는 사람들에게 바칩니다.

또한 이 책을 자신이 하잘것없고 무가치하다고 느끼는, 자신을 어린아이 같다고 느끼며 어른들의 통제에 휘둘리는, 자기 자신을 표현하기가 두렵고 세상이 두려운 사람들에게 그리고 우울하고 죽고 싶다고 느끼는, 자살을 고려하고 있거나 시도해 본 적이 있는 사람들에게 그리고 항상 피곤하다고 느끼고 치료에 적절하게 반응하지 않는, 육체적인 고통과 아픔 또는 신체화 장애를 지닌 사람들에게 바칩니다.

또한 이 책을 정신적으로 아픈 적도 없고 프로이트가

발견한 억압된 감정으로 인한 신경증의 고통을 겪지 않았음에도, 성공적인 삶을 살고 부와 명예와 권력을 가졌음에도, 다른 사람들을 위한 삶을 살기 위해 육욕과 성욕을 포기한 삶을 살았음에도 진정한 행복과 기쁨을 느껴본 적이 없는 수백만 명의 사람들에게 바칩니다.

이렇게 이 책을 두 번째 탄생을 거부당해 온 수백만 명의 사람들에게 바칩니다.

두 번째 탄생은 부모나 친척, 교사, 친구처럼 개인에게 중요하고 의미 있는 사람들과 사람을 있는 그대로 인정하고 수용해 주는 사람들이 가져오는 정신적 탄생을 의미합니다. 따라서 이 책을 자신이 통제할 수 없는 상황 때문에 '수용' 받는 기쁨을 빼앗긴 사람들의 두 번째 탄생을 위하여 바칩니다.

이 책에서 '수용받지 못한'(un-affirmed 또는 non-affirmed)이라고 말할 때 그것은 전혀 수용(인정)받지 못했거나 부분적으로 또는 부적절하게 수용(인정)을 받았다는 것을 의미한다. 그리고 '수용 또는 인정받은'이라고 말할 때는 완전히 또는 매우 적절히 또는 일반적으로 수용(인정)받았다는 것을 의미한다.[1]

---

[1] 'affirmation'은 "있는 그대로의 존재에 대한 사랑, 인정, 바라봄, 보아 줌, 수용" 등을 의미한다. 따라서 'affirmation'을 주로 "수용 또는 인정"이라고 번역하였고, 내용상 적절하다고 여겨지는 부분에서는 그 의미를 좀 더 살려 번역하였다. 또한 원제인 'Born Only Once'는 "아직 한 번밖에 태어나지 않았다"를 의미하며, 본문에서 수용을 통한 정신적 탄생의 필요성을 역설하고 있으므로 "두 번째 탄생"으로 옮겼다. - 옮긴이

서문

　인간은 실제로는 그렇지 않을 때에도 자신에게 좋다고 여겨지는 것을 추구하는 존재라는 것은 잘 알려진 사실이다. 대다수의 부모들이 그들 자신은 결코 즐겨 보지 못한 것들을 자녀들에게 제공해 주기를 원하는 한 우리 사회는 인간의 이러한 면모를 현실화시키는 장이 되는 것 같다. 하지만 여기서 역설적인 것은 부모들의 순수한 의도에도 불구하고, 그러한 그들의 행동은 자녀들에게 더 큰 불행과 외로움과 이기주의를 초래한다는 것이다. 따라서 우리는 부모가 자녀에게 그들 자신이 가졌던 것보다 더 많은 물질을 갖도록 해 주는 것이 과연 진정한 지혜인지 한 번 더 생각하게 된다.

시대를 초월한 명저 「수용의 기적 두 번째 탄생」은 애정 결핍 장애 Emotional Deprivation Disorder에 관하여 인식하기를 바라는 저자의 소망과 통찰이 없더라면 세상에 나오지 못했을 것이다. 애정 결핍 장애는 우리가 살고 있는 실용주의적이고 자기중심적인 문화에 이미 널리 퍼져 있다. 이러한 문화의 영향권에 사는 사람들 가운데 가장 애정에 굶주리고 가장 순진한 사람들이 바로 이 문화의 피해자가 되었다. 이러한 문화 안에서 살면서 이들은 진정한 사랑 곧 자신을 있는 그대로 수용해 주는 사랑을 대체해 줄 만한 것을 제대로 경험해 본 적이 거의 없다. 「수용의 기적 두 번째 탄생」은 수십 년 전에 쓰였지만, 지금도 여전히 인간이 성숙하고 행복한 어른이 되기 위해서는 수용적인 사랑이라는 근본적이고 정신적인 욕구를 충족할 필요가 있는 존재라는 사실을 잘 보여 주고 있다. 「수용의 기적 두 번째 탄생」은 수용하는 것이 어떻게 진정한 기쁨과 충족감과 평화를 가져오는 삶의 방식이며 존재의 방식일 수 있는지 잘 설명해 준다. 이 책에서 저자는 사람이 존재 자체에 대한 수용을 경험할 때 비로소 행복이라고 여겨지는 것들을 끝없이 추구하는 것을 멈추고, 있는 그대로 평온한 상태에 머무르며, 수용은 이런 방식으로 우리 사회의 많은 불행에 대한 진정한 해독제가 될 수 있다고 역설한다.

우리는 수용의 결핍으로 인한 애정 결핍 장애 증후군이 최근의 정신 의학 관련 문헌에 받아들여지도록 기존에 사용하던 '애정 결핍 신경증'deprivation neurosis이라는 용어를 '애정 결핍 장애'Emotional Deprivation Disorder로 바꾸었다. 신경증이라는 표현은 그 나름의 유용성을 가지고 있지만, 이 책이 처음 출판되고 얼마 지나지 않아 전문 기관인 미국 정

---

2 이하 수용은 'affirmation'을 의미한다. - 옮긴이 주

신 의학 협회가 「정신 장애의 진단 및 통계 편람」 Diagnostic and Statistical Manual of Mental Disorders에서 '신경증'이라는 표현 대신에 '장애'라는 표현을 도입했으므로 우리도 그에 준하여 용어를 변경하였다.

나는 작지만 심오한 철학을 담은 이 책이 다시 출간되어 전인적 성장을 간절히 원하는 많은 사람들에게 그러한 성장에 대한 더 깊은 이해와 치유에 도달하는 길을 지속적으로 제공하게 되기를 진심으로 바란다. 그리고 비록 세상을 떠나셨지만 나의 아버지 콘래드 바스 박사는 인간의 안녕과 행복을 더욱 증진시키기 위한 우리의 노력을 변함없이 지지해 주실 것이라고 확신한다.

수잔 바스[3]

---

[3] http://baarsinstitute.com/

1

당신은 있는 그대로
수용받는 사람인가?

🍃 존경하는 박사님,

저는 정말 외롭고 우울합니다. 사람들과 함께 있는 것이 두렵고, 한 번에 한 사람하고만 이야기하려고 합니다. 그것도 그 사람이 저를 이해해 줄 것이라고 생각할 때에만 그렇게 합니다. 늘 모든 사람이 제가 좋은 사제라고 말하지만, 저는 더 이상 사제로 남아 있을 수 없다고 느낍니다. 그리고 저 자신이 아무것도 할 수 없는 어린아이처럼 느껴지는데 어디에 도움을 요청할지 모르겠습니다. 저는 혼란스럽고 십 대 청소년처럼 적대감으로 똘똘 뭉쳐 있습니다. 그래서 아이처럼 행동할까 봐 두렵습니다. 제가 무슨 짓을 할지, 사람들이 저에 대해 무엇이라고 생각할지 두렵습니다. 저의 정신과 의사를 비롯하여 아무도 저를 이해하지 못할 것이라고 느낍니다. 그 의사 선생님은 저에게 활동적인 사도직을 쉬고, '자아상'을 향상하기 위한 시간을 가지라고 충고했습니다. 하지만 제가 저 자신을 어떻게 도울 수 있다는 말인가요? 저는 내적으로 아무 힘이 없다고 느낍니다. 완전히 지쳤고, 언젠가 있었을지도 모르는 힘마저도 다 고갈되어 버렸습니다.
저를 도와주실 수 있겠습니까?

이 편지는 내가 수년간 정신 의학자로 개인 병원을 운영하면서 받았던 여러 편지들 가운데 하나인데, 있는 그대로 수용받지 못한 사람들이 일반적으로 어떻게 느끼는지 잘 보여 준다.

미주리 주의 한 여성이 「Loving and Curing the Neurotic」(애정 결핍 환자를 위한 사랑과 치유)[4]의 '좌절 신경증'The Frustration Neurosis에 관한 장을 반쯤 읽고, 나에게 편지를 썼다.

🍃 어떻게 하셨는지 모르겠지만 저는 박사님이 제 마음 안에 들어왔었거나 이 장을 쓰기 전에 어디선가 저의 뇌를 들여다본 적이 있다고

---

[4] Anna A. Terruwe, M.D. and Conrad W. Baars, M.D. (New Rochelle, New York: Arlington House Publishers, 1972). 이 책은 절판되었고, 그 요약본이 다음 두 권으로 재출간되었다. *Healing the Unaffirmed: Recognizing Emotional Deprivation Disorder* (Conrad W. Baars, M.D. and Anna A. Terruwe, M.D., Rev. ed. Suzanne M. Baars and Bonnie N. Shayne, eds. Staten Island, NY: ST. PAUL'S/Alba House, 2002) and *Psychic Wholeness and Healing* (Anna A. Terruwe, M.D. and Conrad W. Baars, M.D., Rev. ed. Suzanne M. Baars and Bonnie N. Shayne, eds., Eugene, OR: Wipf & Stock, 2016).

느꼈습니다. 박사님의 환자들이 한 이야기들은 몇 년 전에 제가 신뢰할 수 있었던 어떤 사람에게 했던 이야기와 그 내용이 같았습니다. 다음은 5~6년 전에 제가 쓴 글입니다.

사람들은 내가 어린 소녀이기를 바랐습니다.
나는 한 번도 아기였던 적이 없었습니다.

사람들은 내가 십 대 소녀이기를 바랐습니다.
나는 한 번도 어린 소녀였던 적이 없었습니다.

사람들은 내가 여자이기를 바랐습니다.
나는 한 번도 십 대 소녀였던 적이 없었습니다.

사람들은 내가 아내이기를 바랐습니다.
나는 한 번도 여자였던 적이 없었습니다.

사람들은 내가 엄마이기를 바랐습니다.
나는 한 번도 아내였던 적이 없었습니다.

사실 나는 애초에 태어난 적도 없는 것입니다!

그리고 이미 치료 중에 있던 어떤 사람은 자신이 느끼는 고립감, 외로움, 버림받은 느낌, 정체성 찾기 등을 다음과 같이 시적으로 표현했다.[5]

주님, 그들이 사는 곳에 저는 머물 수가 없고, 제가 사는 곳에서 그들의 세상은 종말을 맞이합니다.
작은 꽃 한 송이는 저를 너무도 슬프게 하고,

---

[5] *Loving and Curing the Neurotic*, Anna A. Terruwe, M.D. and Conrad W. Baars, M.D. (New Rochelle, New York: Arlington House Publishers, 1972, p. 332).

저 자신이 될 수 있는 기회는 너무도 작아 보입니다.

그들에게는 그들의 계획에 포함된 아이들이 있었고,
우선 그들은 거기서 저를 제외시켰습니다.
세월의 소용돌이를 헤치고 나아가며 그들의 마음은 권력을 움켜잡습니다.
일찌감치 그들은 그들의 세상에 낯선 사람을 들이지 않는 법을 배웠습니다.
잠들 시간이 되면 저는 저 자신에게 굿나잇 키스를 해 줍니다.

그러면 끝없는 고통이 조용히 제 귓가에 속삭입니다.
저는 그 고통을 두 손에 받아 듭니다…
그리고 주님께 항의합니다, 너무도 많은 살인

에 대하여.

제가 왜 스스로의 말 속에서조차 죽어야 하고 제가 왜 저라는 존재의 노예가 되어야 합니까? 주님, 당신이 약속한 땅에서 저는 어떤 사람입니까?

애정 결핍

있는 그대로 사랑받고 인정받아 본 적이 없는 위의 세 사람은 그들이 느끼는 강렬한 고통과 불행감을 자기 자신의 말로 매우 잘 표현하고 있다. 그들은 심각해질 경우 애정 결핍^{deprivation} 장애로 발전할 수 있는 정서적 장애의 증상들을 가지고 있고, 그 증상들을 각자의 고유한 방식으로 묘사하고 있다. 이 장애는 예전에는 좌절 또는 애정 결핍 신경증이라고 알려져 있었다. 애정 결핍 장애는 우리 시대의 대표적인 장애이며 매우 다양하고 극심한 고통과 불행의 주요 원인으로 서구 사회에서는 그 발생률이 급속히 증가하고 있다.

그런데 정신 의학적 치료를 받을 정도는 아니지만 애정 결핍 장애와 같은 증상을 보이는 사람들의 수는 치료를 필요로 하는 사람들의 수보다 훨씬 많다. 그들의 고통은 심각한 애정 결핍 장애를 가진 사람들의 고통과 본질적으로 동일하지만, 장애와 손상이 덜하기 때문에 고통에 대항하여 대처할 수 있는 여지가 좀 더 있다.

한 사람이 애정 결핍 장애에 의해 어느 정도까지 영향을 받는가는 그 사람이 몇 살 때부터 있는 그대로 자신의 존재를 수용받지 못했는지, 어느 정도로 수용받지 못했는지, 누구에 의해 그렇게 되었는지 등에 달려 있다고 할 수 있다. 그러나 그 영향이 심각하든 경미하든 생애 초기에 경험한 수용의 결핍은 서로에게 그리고 우리가 살고 있는 사회 전체에 다방면으로 또 다양한 방식으로 영향을 끼치면서 끊임없이 악순환이 계속되고 있다. 인간의 소외와 인구의 제로 성장은 수용의 결핍이 가져오는 현상 중 하나이다.

애정 결핍 장애를 가진 부모는 애정 결핍 장애를 가진 아이들을 양육해 내며, 이들은 가족, 공동체, 지역 사회, 국가, 세상에 막대한 영향을 끼치는 양극화 현상을 초래한다.

이제 이러한 현상에 관한 통찰이 어느 한 분야의 전문가에게만 국한되는 것이 아니라 정신 의학자, 의사, 심리학자, 상담사, 성직자, 모든 종교의 수도자, 교육자, 정치인, 국가의 통치자들 사이에 보편화되어야 하는 때가 되었다.

보통 사람들의 통찰

그러나 가장 중요한 것은 일반 사람들 곧 상식을 가진 평범한 사람들이 이러한 현상을 알아차려야 한다는 것이다. 일반적으로 바로 이러한 사람들이 우리가 사는 나라와 세상의 궁극적인 운명을 결정하는 사람들이다. 이 사람들이야말로 자신과 타인을 파괴하는 수용 결핍의 악순환을 중단하고, 이미 고통을 받고 있는 사람들을 있는 그대로 수용하고, 미래 세대에 이 악순환을 물려주는 것을 막기 위하여 전문가들보다 훨씬 더 많은 일을 할 수 있다.

따라서 이제 우리는 자신이 얼마나 수용받고 있는지 알아차리고, 서로를 돕기 위하여 가장 수용받

---

6 이에 대한 더 자세한 설명은 「Loving and Curing the Neurotic」(애정 결핍 환자를 위한 사랑과 치유)와 「Healing the Unaffirmed」(수용받지 못한 사람들의 치유)에서 찾아볼 수 있다.

지 못한 사람에게 나타나는 증후군, 곧 애정 결핍 장애에 관하여 간단히 설명하고자 한다.[6] 다음은 이 장애의 다양한 증상들이다.

1) 사람들과의 일반적인 관계, 친밀한 친구 관계, 진정으로 사랑하는 혼인 관계 등을 형성하는 능력의 결핍

애정 결핍 장애를 가진 사람들은 자신이 다른 사람들에게 받아들여지지도 이해받지도 못하는 어린아이와 같다고 느낀다. 실제로 그렇지 않을 때에도 그런 대접을 받는다고 느낀다. 있는 그대로 사랑받거나 인정받지 못한 이들은 자신이 살아야 하는 어른들의 세상을 두려워하는 한편 다른 사람들이 자신과 관계를 맺기 위하여 먼저, 계속 움직여 주어야 행복감을 느낀다.

2) 불확실감과 불안감

애정 결핍 장애가 있는 사람들은 종종 개인적인 사안들에 관하여 결정하지 못하는 어려움을 겪는 반면, 본질적으로 완전히 일과 관계된 사안들에 관하여 결정하는 데 거의 아무런 어려움도 겪지 않는다. 보통 애정 결핍 장애를 가진 사람들은 다른 사람들의 의견에 대하여 지나치게 민감하므로 의미가 애매한 말이나 가벼운 무시에도 사람들이 자신의 편을 들지 않는다고 느낄 정도로 쉽게 상처를 입는다. 대인 관계에서 다른 사람들을 기쁘게 해 주려는 지나친 욕구와 그들의 감정을 상하게 하는 것에 지나친 두려움을 갖는 것은 자기표현을 제대로 하지 못하는 이 사람들의 특징이다. 이들은 자신에게 의미 있는 사람들에게 자신의 행동을 인정받으려는 욕구가 강하다.

3) 열등감과 부적절감

불안감은 애정 결핍 장애를 지닌 사람들이 맡은 일이 무엇이든지 자주 실패하게 만들기 때문에 그들의 열등감을 키우는 데 한몫을 한다. 이러한 현상은 특히 여자아이에게 자주 나타나는데, 그들은 지금까지 아무도 자신을 사랑한 적이 없으며 아마 앞으로도 그럴 것이라고 느낀다. 어렸을 때 사랑을 받지 못했다는 사실은 앞으로도 사랑받을 가치가 없다는 의미로 해석된다.

남자아이가 느끼는 열등감은 종종 충분히 남성다운 체격과 남성성을 갖지 못한 것에 대한 걱정으로 드러난다. 애정 결핍 장애가 있는 젊은 남자 가운데 어떤 이는 자신의 성기가 너무 작거나 너무 크다고 생각하기 때문에 자기 자신을 무능하고 부적절하다고 느끼게 된다고 말한다.

지적 능력과 관련된 강한 열등감은 여성과 남성이 모두 경험한다. 우수한 지적 능력을 가졌지만 애정 결핍 장애가 있는 학생은 자신이 학업에서 절대로 성공할 수 없을 것이라고, 또는 실제로 그렇지 않을 때에도 시험에서 좋은 성과를 거두지 못했다고 믿는 경향이 있다. 우수한 지적 능력을 가진 학생이 학업을 마치지 못하거나 예술적이고 손으로 하는 일에 능숙한 학생이 하던 작업을 완성하지 못하기도 한다. 이들은 무엇인가를 시작하고 얼마 지나지 않아 '어쨌든 끝내지 못할 거야.'라는 핑계를 대며 포기하는 경향이 있다.

이러한 열등감과 부적절감은 때로 뿌리 깊은 죄책감을 불러일으키는데, 이러한 죄책감은 최소한 그들이 지적으로 도덕적 행위를 할 수 있는 단계에 도달했을 때 느끼게 된다. 그들은 어떤 행위와 전혀 연관될 수 없는 윤리적 의미를 그 행위에 부여하고, 그러한 비현실적인 윤리적 의미를 자신의 부적절감에 결부시켜 생각한다. 또한 사실은 의지 때문인 자신의 무능력함을 본질적인 결함으로 여긴다. 자신을 악하고, 사랑도 종교심도 없고, 이기적이고, 자기 자신만 추구하는 사람이라고 생각하며, 따라서 자신이 하는 모든 행동은 자신에게 죄가 있다는 증거일 수밖에 없다고 생각한다.

많은 경우에 한 사람의 인격 안에는 어떤 판단의 틀이 깊이 뿌리를 내리고 있을 뿐 아니라 거의 새겨져 있다시피 하며 그 틀에 근거를 둔 것이 죄책감이므로, 죄책감은 변화되기가 매우 어렵다. 그러므로 애정 결핍 장애가 있는 모든 사람들 안에 이러한 죄책감이 형성되는 것은 아니라는 사실은 매우 다행이라고 할 수 있다.

있는 그대로 수용받지 못한 사람들 가운데 매우 다루기 힘든 만성적 죄책감을 느끼는 사람들은 칼 융이 심리 치료사들에게 했던 말을 자주 숙고해 보길 바란다. 융은 내담자들을 있는 그대로 받아들일 수 있으려면 심리 치료사들 스스로 자기 자신을 있는 그대로 보고 받아들여야 한다고 말한다.

"자기 자신을 있는 그대로 받아들이는 것은 간단한 문제처럼 여길 수 있지만, 늘 보면 가장 실행하기 어려운 문제가 바로 이러한 간단한 문제들이다. 현실의 삶에서 단순하고 솔직한 태도를 갖는 것은 그 자체로 가장 많은 훈련을 필요로 하는 하나의 예술이며, 자기 자신을 받아들인다는 것은 도덕적 문제의 뿌리와 삶의 모든 철학의 중심에 놓여 있는 핵심적인 문제이다.

걸인에게 자선을 베풀고 나에게 잘못한 사람을 용서하고 그리스도의 이름으로 원수를 사랑하는 것이 미덕이라는 것에 의심을 품어 본 적이 있는가? 아마도 없을 것이다. 나는 단 한 번도 그런 의심을 한 적이 없다. 형제들 가운데 가장 보잘것없는 사람을 위한 것이 그리스도를 위한 것임을 믿어 의심치 않는다.

그러나 만일 형제들 중 가장 보잘것없는 사람, 걸인들 중 가장 가난한 사람, 잘못한 모든 이들 중 가장 잘못한 사람, 심지어 원수조차 사실은 모두가 내 안에 살고 있으며, 따라서 나의 친절한 자선이 필요한 사람은 바로 나 자신이며, 사랑받아야 할 원수도 바로 나 자신이라는 것을 깨닫게 된다면 그때는 나에게 어떤 일이 일어날까?

아마도 그런 때가 오면 나는 그리스도교의 모든 진리가 송두리째 뒤집히는 것을 경험할 것이다. 더 이상 사랑과 인내에 관하여 관심을 갖지 않게 될 것이고, 내 안에 있는 형제 곧 나 자신을 '쓸모없는 놈'이라고 부르고 자신을 단죄하고 자신에게 분노할 것이다! 그리고 분명히 이러한 자기 자신에 대한 태도가 외부에 드러나지 않도록 숨길 것이다. 그러나 아무리 숨겨도 내가 내 안에 있는 '보잘것없는 사람 중에 가장 보잘것없는 사람'을 두 팔 벌려 받아들이지 않고 있다는 사실은 달라지지 않는다. 또한 그리스도께서 우리 내면에서 하찮고 경멸스러운 모습으로 나타나신다면 우리는 닭이 한 번 울기도 전에 그를 천 번 부인할 것이다!"

4) 깊어지는 우울감

있는 그대로 사랑받거나 인정받지 못한 사람들은 자기주장을 잘하지 못하고 두려움에 차 있는데 이러한 삶의 방식은 그들의 외로움을 점점 더 크게 만든다. 그들에게는 친한 친구도 힘센 원수도 없다. 사람들이 그들을 이용하려고 할 때 그것에 대처할 힘이 없으므로 자주 이기주의의 희생양이 된다. 따라서 그들에게 삶이란 매우 불쾌하고 고통스러운 것으로 여겨지며, 죽음만이 유일한 출구인 것처럼 느껴질 때가 자주 있다. 일반적으로 그들이 느끼는 깊은 우울감, 죄책감, 절망감, 외로움, 높은 자살 가능성 등은 정신 의학적 치료가 필요하다. 하지만 정신 의학자가 애정 결핍 장애 증후군에 관하여 잘 알지 못하고 사람을 따뜻하고 일관성 있게 수용해 주는 사람이 아니라면, 그가 아무리 약물 사용, 전기 충격 요법, 심리 분석 등을 잘해도 그 모든 것은 일시적인 처방에 불과하다. 수용이 결여되어 있으면 어떤 종류의 치료법도 치유를 가져오지 못한다. 사실 한 사람에게 애정 결핍 장애와 우울증이 공존한다는 것은 대부분의 경우 전기 충격 요법 사용의 금지 사유에 해당된다고 보아야 한다. 진정성 있는 수용만이 이렇듯 철저하게 불행한 사람들이 자기 자아를 존중하고 만족감을 느끼며 행복하고 성숙한 사람으로 성장하도록, 그래서 그들의 건강한 자아 사랑이 다른 사람과 하느님에 대한 사랑으로 이어지도록 도울 수 있다.[7]

---

[7] 나는 정신 의학 전문가들과 평범한 사람들 모두가 수용의 결핍과 애정 결핍 장애 증후군에 관하여 분명하게 인식하게 될 때 다음의 인용문이 구시대의 유물로 여겨질 것이라고 믿는다. "우울증을 알아보는 것을 더욱 어렵게 하는 문제는 의사들조차 우울증의 정의나 원인에 관한 합의된 의견을 끌어내지 못하고 있다는 것이다. 하버드의 정신 의학자 죠셉 쉴드크로트 박사는 말한다. '많은 다양한 질병들이 모두

하나의 쓰레기통 안으로 던져지고 있다.' '문제는 아무도 아직 이러한 질병이 정확히 무엇인지 알아내지 못했다는 것이다.' (중략) '우울증은 의지를 마비시키고, 에너지를 약화시키고, 흔히 사람들을 자살로 내모는 질병이다.'"(월스트리트 저널, 1972. 4. 7)

있는 그대로 바라봐 주는 수용을 경험하지 못한 사람과 애정 결핍 장애가 있는 사람에게서 매우 두드러지게 나타나는, 하나의 질병으로 보이는 증상이 바로 우울증이다. 또한 하버드의 정신 의학 교수인 제럴드 클레만 박사가 관찰한 다음과 같은 사실을 설명해 주는 것도 우울증이라고 생각한다. '1950년대가 불안의 시대라면 1970년대는 우울의 시대라고 할 수 있다!' 1972년 이후 상황이 눈에 띄게 좋아지지 않았다는 사실은 벤저민 스타인이 월스트리트 저널에 기고한 1975년 4월 7일 기사에서 분명하게 드러난다. 다음은 그 기사에서 발췌한 내용이다. "대부분의 사람들이 정신 건강에 관심이 있거나 그것에 관하여 걱정한다. 그리고 대부분의 사람들이 텔레비전을 보는 것을 좋아한다. 따라서 텔레비전에서 정신 건강에 관한 시리즈를 방영하는 것은 자연스러운 일이다. 뉴욕 공영 교육 방송인 WNET는 브리스틀 마이어즈 제약 회사의 후원으로 다섯 개의 에피소드로 구성된 'The Thin Edge'(벼랑 끝)라는 시리즈물을 내놓았다. (중략) 첫 번째 에피소드인 '우울증, 그 그늘진 골짜기'가 전파를 탓을 때 방송국으로 뉴욕에서만 약 15만 건의 전화가 걸려 왔다. (중략) 게다가 공영 TV로서는 엄청난 숫자인 40만 명 이상이(뉴욕에서만) 그 방송을 보았다! (중략) 대중에게 이 분야에 대한 정보와 도움이 절실하게 필요하다는 사실이 분명히 드러났다!"

그런데 인간은 생리학적 탄생만으로는 충분하지 않다. 인간이 세상 삶에서 진정한 행복을 발견하려면 진정한 수용을 통한 **정신적 탄생**이 반드시 필요하다. 신생아나 아동, 애정 결핍 장애가 있는 사람(성인)처럼 '아직' 수용을 받지 못한 사람들은 수용을 받을 필요가 있다. 사춘기 청소년이나 젊은이들과 같이 '아직 온전한' 수용을 받지 못한 사람들도 수용을 받을 필요가 있다. 그리고 성숙한 어른들도 누군가가 수용해 주는 말을 들을 필요가 있다. 이와 같이 행복한 인간 존재의 뿌리에는 언제나 수용이 있다. 다시 말해, 인간이 행복하려면 누군가가 나를 있는 그대로 보아 주고, 나도 타인을 그렇게 보아 줄 필요가 있다.

2

있는 그대로 수용받는다는 것

오래전에 친구 존이 그에게 강한 인상을 남긴 어린 시절의 일화를 하나 들려주었다. 그가 대여섯 살쯤 어느 평일 아침에 있었던 일이다. 엄마는 때마침 방문하신 목사님과 대화를 하고 계셨는데, 아버지는 이미 농장에서 일하고 계셨고, 형들은 학교에 가고 없었다. 수줍음이 많던 존은 목사님과 엄마가 이야기하시는 동안 식탁 아래에 숨어 있었다. 하지만 완전히 안 보이게 잘 숨은 것은 아니었다. 엄마와 목사님은 존이 거기 있다는 것을 아셨지만 모른 척하셨다. 목사님이 가시고 존이 식탁 밑에서 나왔을 때 엄마는 그의 머리를 쓰다듬으며 다정한 미소를 띠고 말씀하셨다. "조니, 부끄러웠구나?"

어린 존은 이 경험을 통하여 수줍어해도 괜찮고, 다 큰 남자처럼 행동하도록 자신을 강요할 필요도 없고, 방문객에게 수줍음을 숨길 필요도 없다는 것을 깨달았다. 그는 이 놀라운 경험과 느낌을 단 한 번도 잊은 적이 없다.

어린 존은 엄마와 이해심 많은 손님에게 있는 그대로 자기 자신을 인정받는 경험을 했다. 그들은 존이 자신의 때에 자신의 방법으로 자신의 속도에 맞추어 성장할 수 있도록 허용해 줌으로써 그를 있는 그대로 인정하고 받아 주었다.

나는 존에게 그 특별한 방문이 그에게 끼친 영향을 기억하는지 물어본 적이 있다. 그가 말했다. "당연히 기억하지. 나는 그 경험을 통해 나에 대한 자신감과 있는 그대로의 내가 괜찮은 존재라는 느낌을 받았던 것을 기억해. 그리고 그 방문이 나의 수줍음을 치유해 주었다고, 적어도 많이 감소시켜 주었다고 확신해."

존에게 있었던 일은 같은 상황에서 우리가 좀 더 쉽게 상상할 수 있는 일반적인 상황과 상당히 거리가 멀다. 일반적인 상황은 이렇다. "조니, 식탁 밑에 숨어 있지 말고 나와서 목사님께 인사해야지. 이제 다 컸다는 것을 보여 드려. 어서, 조니. 아기처럼 굴지 말고." 이런 말을 들었다면 어린 존은 있는 그대로 인정받거나 수용받지 못한 것이고 따라서 정서 발달에 부정적인 영향을 받았을 것이다.

어린 메리가 고집을 부리고 떼를 쓰거나 얼굴이 새파랗게 질려 엄마를 놀라게 했을 때 엄마에게 매를 맞았다면 그 아이는 있는 그대로 받아들여지지 않은 것이다.

지미가 다른 남자아이와 싸우다 다치고 화가 나서 울면서 집에 돌아왔는데, 아버지가 "꼭 계집애처럼 구는구나. 쫓아가서 복수하고 오너라. 내 사전에는 내 아들이 나가서 맞고 들어오는 일은 없다!"고 말했다면 지미도 있는 그대로 받아들여지지 않은 것이다.

자녀들의 있는 그대로의 모습에서 기쁨을 발견하고 그 모습 그대로 아이들을 받아들이는 부모였다면, 자녀들의 성장을 재촉하거나 단점이나 부족함을 바로잡아 주고 싶은 욕구나 소망에 의해 움직이는 부모가 아니었다면 지미는 다른 방식으로 돌봄을 받았을 것이다.[8] 있는 그대로 바라봐 주는 부모는 화가 난 지미의 어깨를 감싸 안고 마음껏 울도록 해 주었을 것이다. 그리고 지미가 진정되었을 때 이렇게 말했을 것이다. "아프니?" 또는 "슬프니?" 또는 "무슨 일이 있었는지 말해 줄 수 있겠니? 말하고 싶니?"

---

[8] 이것은 부모가 절대로 자녀를 훈육해서는 안 된다는 의미가 아니다. 하지만 자녀를 온전한 마음으로 대하기 위해서는 화가 난 상태에서 훈육하지 않는 것이 중요하다. 자녀를 수용적으로 대한다는 것은, 부분적으로는 언제 말로 가르치고, 언제 실수에서 배우도록 놓아두어야 할지 분별하는 것이다. 면밀한 논의는 다음 책을 참고하라. *Feeling & Healing Your Emotions* (Rev. ed. Suzanne M. Baars and Bonnie N. Shayne, eds., Gainesville, FL: Bridge-Logos, 2003)

있는 그대로 인정해 주는 부모는 슬픔과 고통을 느끼고 있는 지미를 따뜻하게 수용해 줌으로써, 지미가 지미이기 때문에, 그가 슬프든 행복하든, 있는 그대로의 지미 안에서 기쁨을 발견한다는 사실을 그에게 알려 준다. 지미의 선함과 사랑스러움은 이처럼 온화하고 거의 비언어적인 부모의 태도를 통하여 드러나게 되는데, 이러한 태도의 특징은 지미가 어떤 태도를 수용하고 응답할 수 있는지 그의 능력의 정도와 발달 단계를 철저하게 고려한다는 것이다. 수용은 한 사람의 선함과 사랑스러움을 드러내는 유일하고도 확실한 방법이다.

수용은 행동이 아니라 존재에 관한 것이다

많은 사람의 생각과는 달리 수용은 실제 행동과는 거의 관련이 없다. 진정한 수용은 무엇보다도 존재 자체에 대한 인정과 수용을 의미하며, 이차적으로만 언어 또는 행동과 관련이 있을 수 있다. 말과 행동을 통하여 다른 사람에 대한 수용이 표현되고 완성되기도 하지만, 상대방을 있는 그대로 인정하고 수용하는 과정의 본질과 핵심은 말이나 행동이 아니다. 이에 관하여 좀 더 명확히 설명하는 것이 이 책을 쓰는 여러 이유들 가운데 하나이다. 그리고 요즘 세상에는 이 책에서 의미하는 수용과는 다른 유사類似 또는 거짓 수용 pseudo-affirmation이 널리 유행하고 있고 특히, 다양화된 현대의 심리 치료 및 상담 현장에서 진정한 수용을 충분히 찾아볼 수 없다는 것이 이 책을 쓰는 또 다른 이유이다. 그것은 다음과 같다.

1) 세상에는 진정한 기쁨과 행복이 거의 존재하지 않는다.
2) 대개의 불행은 인간이 자초한 것이다.

3) 다른 사람을 사랑하고 그들을 행복하게 하는 방법을 아는 사람은 매우 드물다.
4) 우리가 사는 세상에는 이기주의가 팽배해 있다.
5) 있는 그대로 수용받지 못한 사람의 수가 이미 매우 많은데, 더 큰 문제는 그 수가 놀라운 속도로 계속 증가한다는 것이다.
6) 심지어 정신 의학 전문가들도 애정 결핍 장애의 본질과 이 애정 결핍 장애라는 새로운 유형의 신경증의 발생 건수에 관하여 대체로 잘 모르는 것으로 보인다.[9] 심리적·사회적·도덕적 요소들과 외로움·절망·불행·만족감의 결핍·자기 정체성에 대한 불확실성 등 실존주의적 요소들을 복합적으로 다루는 (중략) 탐색적 심리 치료가 크게 도움이 되지 않는 듯한 환자들이 있다. (중략) 이런 환자들

---

[9] 1972년 미국 정신 의학 학회 연례 회의에서 폴 초도프Paul Chodoff 박사가 발표한 'Changing Styles in the Neuroses'(신경증의 다양한 유형) 참조.

에게는 이해하기 어려운 무의식의 여러 측면과 그 유해성이 크게 의미 있어 보이지 않는다. (중략)

앞에서 언급했듯이 수용은 본질에서 어떤 사람에게 무엇인가를 해 주는 것이 아니라 그 사람이라는 존재 자체와 관련이 있다. 이 책이 '무엇을 어떻게 해야 하는지' 알려 주기를 기대했다면, 특히 자기에게 소중한 사람을 위해 특별한 무엇인가를 해 주기 위하여 이 책을 샀다면 크게 실망할 수 있다. 하지만 낙담할 필요는 없다. 다른 사람뿐 아니라 자신을 위하여 필요한 것은 '행동을 조금 줄이고, 있는 그대로 조금 더 함께 머무는' 것이니까.

이미 충분히 있는 그대로 받아들여지고 있는 사람이라면 이 책에서 익숙한 존재 방식, 곧 자신과 다른 사람들을 있는 그대로 받아들이고 사랑하는 삶의 방식에 대하여 보게 될 것이다. 그러한 사람에게 이 책은 어떻게 자신도 모르는 사이에 자연스럽게 다른 사람들을 있는 그대로 인정해 주는 수용의 원천이 되었고, 그럼으로써 그들에게 행복의 원천이 되었는지에 대한 통찰을 더해 줄 것이다. 또한 이 책은 다른 사람들도 수용의 원천이 되도록 도와주는 촉진제 역할을 할 것이다. 그리고 많은 사람들이 자신을 인정하고 받아들임으로써, 곧 자기 수용self-affirmation을 통해 행복을 찾으려고 애쓰지만, 왜 그 과정에서 그들 스스로 최악의 적이 되어 자기 자신을 괴롭히게 되는지 이해하게 될 것이다.[10] 자신이 아는 사람들 가운데 이렇게 자기 수용을 시도한 사람이 있다면 크든 작든 그 사람을 위하여 무엇인가 해 줄 기회를 가질 수도 있을 것이다.

반면, 자신이 헌사에서 밝힌 많은 사람들 가운데 한 사람이라면 다른 사람들에게 있는 그대로 수

---

10 5장 참조.

용받는 것, 곧 두 번째 탄생 또는 정신적 탄생에 대하여 어떻게 개방적인 자세를 가질 수 있는지 배우게 될 것이다. 이 두 번째 탄생은 자신이 갇혀 있는 외로운 감옥의 문을 열어 주고, 얼마나 늦었는지에 상관없이 자신의 안이나 주변에 있는 모든 선에서 기쁨을 찾게 해 줄 것이다.

개방적 태도

존재하는 모든 선에 대하여 마음을 열고, 존재 자체나 행동에서 거기에 내포된 선을 인정하고 받아들임으로써 행복을 찾으려면 우선 다른 무엇이 아닌, 자기 자신이어야 한다. 그렇게 자기 자신으로 존재하려면 먼저 스스로 자신이 '되어야' 하고 자신이라는 선물을 받아야 한다. 이 선물을 받으려면 그것을 주는 사람이 있어야 한다. 그 사람은 대가 없이, 어떠한 요구 조건도 없이 나에게 그 자신이 아닌 '나'의 선함을 건네주는 사람이다. 이렇게 할 수 있는 사람은 이미 그 자신이 진정으로 행복해서 열린 마음으로 다른 사람들의 선함을 대할 수 있는 사람들뿐이다.

그러므로 어떤 면에서 이 책은 인간이 존재하는 방식how-to-be에 관한 책 또는 한 존재가 되어 가는 방식how-to-become에 관한 책이라고 할 수 있다. 너무 많은 것을 하는 대신에, 진정으로 존재하는 방식을 배울 때 무엇이든 해서 행복해지려는 헛된 노력으로 인한 좌절과 불행의 악순환을 끊어 버리게 될 것이다. 이러한 일련의 생각은 아름다운 시 '진정 바라는 것'[11]의 마지막 구절에 등장하는 낱말들이 잘못 선택되었음을 깨닫게 해 준다.

---

11 *Desiderata*, Max Ehrmann (Boston, MA:: Crescendo Publishing Co., 1927).

🌿 바람직한 훈육 그 이상으로 당신 자신을 친절하게 대하십시오. 당신은 나무와 별들처럼 우주의 자녀입니다. 당신은 여기 존재할 권리가 있습니다. 그리고 분명하게 드러나든 아니든, 우주는 고유한 방식으로 당신에게 자신을 드러내고 있습니다.

그러므로 하느님을 어떤 분이라고 생각하든, 하는 일과 소망이 무엇이든 하느님과 평화롭게 지내십시오. 삶의 소란한 소용돌이 속에서 영혼의 평화를 간직하십시오.

세상살이에서 경험하는 모든 가식과 고됨, 꺾인 꿈들에도 불구하고 세상은 여전히 아름답습니다.

조심하십시오. 행복하려고 애쓰십시오.

이것은 마치 '조심스럽게 숨을 쉬십시오.'라고 말하는 것과 같다. 행복하고자 하는 의지를 갖는 것은 자연적이고 자발적이고 무의식적인 과정이기 때문이다. 인간은 숨을 쉬지 않기로 선택할 수 없는 것처럼 행복하지 않으려고 선택할 수 없다. 위대한 신학자 토마스 아퀴나스는 700년 전에 이에 대하여 '행복은 의지의 선택 능력을 벗어나는 것이다.'라고 간결하게 표현했으며, 또 어딘가에 '인간이 행복을 추구하는 것은 자연스럽고 불가피한 것이다.'라고 썼다. 그러므로 과도하게 행복을 추구하는 것은 숨을 쉬려고 과도하게 애를 쓰는 것만큼 건강에 좋지 않다. 지나치게 빨리 숨을 쉬면 과다 호흡으로 경련을 일으키고 기절할 수 있다. 우리가 행복을 지나치게 추구하면 오히려 다른 사람이 우리에게 줄 준비가 되어 있는 행복을 단절시킬 수 있다.

'진정 바라는 것'에서 시인은 행복에 대한 매우 아름다운 이야기를 들려주고 있지만, 어떻게 행복해질 수 있는지 그 근본 과정에 관해서는 거의 언급하고 있지 않다. 지금부터는 사랑으로 받아들여진다는 것, 곧 수용의 과정에 관하여 설명하고자 한다.

수용의 과정

 인간은 모두 행복하기를 바란다는 것은 논쟁의 여지가 없는 사실이다. 행복은 인간이 창조된 목적이다. 그러나 친한 친구가 아무리 많다 하더라도 인간은 궁극적으로는 유일무이하고 외로운 존재라는 것도 사실이다. 인간은 홀로 서 있는 고유한 존재로 때로는 힘없고 무능하고 불행하게 또 때로는 단호하고 강하고 행복하게 존재한다. 자기 자신을 선하고 가치 있고 바람직하고 사랑스럽다고 여긴다면 인간은 견고하고 강한 존재로 서 있을 수 있다. 이러한 내적 견고함 firm-ness을 지니기 위해서는 다른 사람이 주는 수용af-firm-ation이라는 선물이 절대적으로 필요하다. 이 선물을 어려서 받으면 받을수록 그 사람 안에 형성되는 견고함과 강인함은 그가 세상에 더 빨리 대처할 수 있도록 그리고 자신의 힘을 세상을 위해 사용하고 자신의 행복을 다른 사람과 나누도록 해 준다.

있는 그대로 수용받는 사람으로서 느끼는 내적 견고함과 강인함, 자기 자신에 대한 기쁨과 소중함 등의 체험은 자신 외의 다른 사람의 수용을 받음으로써 시작된다. 그런 사람은 다음과 같다.

1) 당신이 할 수 있는 선하고 가치 있는 행동들을 자신에게 내재된 고유한 선과 가치에서 분리할 수 있는 사람, 곧 당신의 가치 있는 행동보다 이미 내재한 존재적 가치를 먼저 인식하고 그것에 주의를 기울이고 머물 수 있는 사람.
2) 당신을 소유하거나 이용하거나 변화시키려고 하

지 않으면서 당신의 선함과 가치에 감동하고, 이끌리고, 거기서 기쁨을 발견하는 사람.

3) 당신으로 인해 감동하고 당신에게 이끌린 자기 자신을 인정하고, 그러한 감동이 자연스럽게 드러나는 것을 편안해하는 사람 곧 그 감동이 가시적·감각적·신체적 변화 등 정신 운동 psychomotor 반응으로 드러나는 것을 편안해하는 사람.[12]

감동으로 인한 이러한 변화들은 당신을 대하는 그 사람의 시선, 손길, 말투, 낱말의 선택 등에 묻어난다. 그 사람의 반응에는 다정함과 기쁨이 담겨 있다. 상대방에게서 나타나는 이러한 변화는 당신 자신이 선하고 가치 있는 존재라는 것을 느끼고 감

---

[12] 자연스럽게 외적으로 드러나는 감정 표현까지도 억제할 정도로 정서적으로 억압되어 있는 사람들이 많다.

지하고 보고 듣도록 해 준다. 당신이 다른 사람뿐 아니라 당신도 선한 존재라는 것을 느끼게 한다. 이렇게 당신은 다른 사람을 통하여 당신이 누구인지, 어떤 존재인지 느끼고 깨닫게 된다.[13]

'깨달음, 감동, 드러냄'은 상대방에 대한 수용의 본질이다. 이 세 가지 외에 조언, 선물, 친절한 행동, 지지, 침묵, 참고 기다림 등과 같은 것이 도움이 되는데 이 개념은 수용의 본질이 아니라 구체적 표현들이다. 수용의 일차적인 측면은 정서 곧 감정에 관한 것이고, 이차적인 측면은 그 감정이 드러

---

13 아는 것뿐 아니라 느끼는 것이 얼마나 중요한지는, 존재 자체로 수용받지 못한 사람은 행동하는 사람do-er으로서의 자신의 가치에 대하여 만족감을 얻으며, 자신을 포함하여 모든 사람이 한 인간으로서 가치가 있음을 지식으로는 분명히 알고 있음에도 불구하고, 여전히 외롭고 불행하다고 느낀다는 사실에서 확연히 드러난다. 누군가 그 사람에게 수용을 통하여, 존재하는 자be-er로서 가치가 있다는 느낌을 주지 않는다면, 그 사람은 사는 동안 항상 불행하다고 느낄 것이다.

나는 행동과 그 효율성에 관한 것이다. '드러냄'이 행동보다 존재 방식과 더 관련이 있다는 것이 잘 이해되지 않는다면 내가 정신 의학자로 일하면서 만난 메리, 샐리, 헬렌과 다른 많은 환자들을 통해서 무엇을 배웠는지 다음을 읽어 보기 바란다.

샐리를 예로 들어 보자. 어렸을 때 샐리는 엄마가 수유하거나 안아 주려고 하면 엄마를 밀어내곤 했는데, 그것은 아주 어렸을 때의 일이었기 때문에 스스로 기억하는 것은 아니었고 훗날 엄마가 말해 주어서 알게 되었다. 나는 샐리의 엄마는 수용을 받지 못해서 소유욕이 매우 강해진 여성의 전형이었다고 생각한다. 그녀는 샐리가 밀어낼 때 거절당하는 느낌을 받았고, 그 대가로 샐리에게 '사랑스런 엄마'가 되지 않기로 했다. 나는 샐리와 다른 환자들의 이야기를 통하여 아주 어린 아기는 자신을 위한 사심 없는 사랑과 엄마 자신의 욕구 충족을 위한 소유적인 사랑의 차이를 실제로 느낄 수 있다는 것을 알았다. 아기는 이러한 차이를 인간이 겪는 모든 상황에 반드시 포함된 시각적·감각적 신체 변화들을 통해서만 감지하고 느낄 수 있다. 샐리의 이야기를 통하여 볼 때 신체적인 변화는 사랑의 감정이 성숙하고 타인을 지향하고 수용할 때와 사랑의 감정이 미성숙하고 이기적이고 수용하지 않을 때 각기 다르게 나타난다.

수용이라는 선물

수용은 아무 조건 없이 그냥 주어지는 선물이다. 그러므로 있는 그대로 인정하고 받아들여 달라고 간청하거나 요구하거나, 수용을 사려거나 속임수로 얻으려고 하는 것은 모두 소용없는 일이다. 어렸을 때 수용받지 못했다면 지금 할 수 있는 일은 수용받기를 소망하고, 수용에 대해 마음을 열고, 자신의 선과 소중한 가치를 알아보고 자신을 친절하게 수용해 줄 누군가가 나타나기를 기다리는 것이다.[14]

🍃 "예루살렘 아가씨들이여, (중략) 그대들에게 애원하니 우리 사랑을 방해하지도 깨우지도 말아 주오, 그 사랑이 원할 때까지."(아가 3,5)

어떤 사람을 대할 때 '결점에도 불구하고'라는 일

---

14 독자들은 수용받지 못한 사람들이 스스로 할 수 있는 것들이 더 있다는 것에 주목할 필요가 있다. 이에 관하여는 6장을 참조한다. 또한 정서적인 삶의 성장, 특히 사랑과 갈망과 기쁨이라는 감정의 발달은 행복하기를 원하는 사람들 모두에게 꼭 필요하다. 이러한 감정들은 정서적으로 좋은 영향을 끼치는 것을 받아들이는 능력과 관련이 있고 따라서 사람은 이러한 감정을 통하여 행복을 체험하게 된다. 수용받지 못한 사람들은 치유의 본질적 요소인 개방적 태도와 수용성 receptivity, 정서 발달의 중요성을 간과해서는 안 된다. - 원출판사 주

상적인 덧붙임 없이 정확하게 있는 그대로 그 사람의 선함과 소중함과 사랑스러움을 알아볼 때 그 사람을 수용하는 것이다. '결점에도 불구하고'라는 것은 그 사람의 선함을 조건부로만 느끼고 알아준다는 뜻이며, 받아들여지기 위해서는 그 사람이 무엇인가를 해야 한다는 뜻이기 때문이다. 결점 외의 다른 측면이 있다는 것을 상대방에게 보여 주려면 그 사람의 선함에 대하여 내가 느끼고 인식할 수 있어야 한다. 그에게 보여 줄 다른 측면이란 '당신은 있는 그대로 선하며, 그것이 당신이 존재하는 방식이다. 이 세상에 당신과 똑같은 사람은 없다. 당신은 유일무이한 존재이다!'라는 사실이다.

종종 사람들은 '당신이 지금보다 나아지도록 돕고 싶다.'고 하지만, 나는 그런 말을 하지 않는다. 그 말은 상대방이 아직 좀 더 나아질 필요가 있는 존재라는 데 초점을 맞추면서, 그러기 위해서 무엇인가를 해야 한다는 느낌을 불러일으키기 때문이다. 타인의 기대에 부합하여 무엇인가를 해야 한다는 느낌은 그 사람이 자신의 속도와 방법으로 성장할 기회를 앗아 간다. 진정한 수용의 과정에서 얻게 되는 깨달음 곧 '내가 지금의 불완전한 상태에서도 사랑스럽다고 여겨진다면 불완전함을 극복한 나는 얼마나 더 사랑스러울까!'라는 무의식적인 깨달음이 한 사람을 성장의 기회로 초대한다.

나는 상대방을 수용하는 과정 곧 행동이 배제된 단지 알아차리고 느끼는 과정을 통하여 그 사람에게는 결점과는 상반되는 다른 면모가 있다는 것을 알려 준다. 내가 수용을 통하여 주는 선물은 상대방이 육체적인 존재로서의 인간임을 반영해 주는 것이 아니라, 그가 특별하고 고유한 정신적인 존재라는 것을 반영해 주는 것이다. '누군가가 당신을 사랑할 때까지는 당신은 아무것도 아니다!'(You're nobody until somebody loves you!)는 널리 알려진 노랫말처럼 말이다.

존재 자체를 사랑하고 받아들이는 수용의 과정은 어떤 면에서는 물속에 들어간 물체에 물이 끼치는 영향과 비교할 수 있다. 물은 그 물체를 완전히 감싸고 그것을 파괴하지 않으면서 자기 자신을 그 물체의 윤곽에 정확하게 맞춘다. 그 물체가 물고기나 산호 또는 해초처럼 살아 있는 것이면 물은 자신의 무게를 그 물체에 맞춤으로써 그것이 방해받지 않고 자랄 수 있도록 허용해 준다. 물은 자신의 질량과 밀도로 물체가 받을 수 있는 충격이나 타격을 완화하여 그것을 보호한다. 이에 대한 훌륭한 예는 엄마의 태중에서 양막 안 양수 속에서 자라는 작은 아기이다. 마침내 물은 물체가 가진 결함들을 보이지 않게 감싸 주기도 한다.

소통과 친교

철학적 마음을 지닌 독자는 '소통'communication과 '친교'communion의 과정을 비교하면서 수용의 의미를 더 깊게 탐색하고 싶을 것이다. 오늘날 '소통'은 서로를 더 잘 이해하는 수단, 따라서 우정을 포함하여 더 나은 인간관계를 맺을 수 있는 가장 효과적인 수단으로 많이 강조되고 있다. 소통할 때 우리는 물질적 소유물 또는 생각, 아이디어, 감정과 같은 심리적 경험, 그리고 특정 종교의 신앙과 같은 영성적 경험 등 우리가 가진have 것을 서로 나눈다.

그러나 우리가 누구인가 하는, 존재 자체는 그와 같은 방식으로 소통할 수 없다. 소유having와 존재being 사이에는 심오한 차이가 있기 때문이다. 나에게 완전히 집중하고 머무는 사람, 내가 누구인지 인식하는 사람 곧 내가 선하고 가치 있는 존재라는 것을 인식하는 사람만이 나를 존재 자체로 받아들일 수 있다. 나라는 사람 자체를 알려고 애쓰는 사람은 이렇게 내가 누구인지와 내 존재의 선함을 알게 되는데, 이것은 그 사람이 나의 선함을 공유하게 된다는 것을 의미한다. 나는 상대방이 나의 선함에서 기쁨을 느낀다는 것을 알게 되고, 이것이 내가 나의 선함을 알게 되는 방식이다. 다시 말해서 나는 다른 사람을 통하여 내가 누구인지를 알게 된다. 나는 더 이상 혼자가 아니다. 이러한 수용의 과정을 통하여 나는 다른 사람들과 연결된다. 내가 가진 것을 나눔으로써가 아니라, 내가 누구인가를 드러내고 그것을 나눔으로써 다른 사람들과 연결된다.[15] 우정을 통하여 친구가 나에게 줄 수 있는 가장 큰 선물은 바로 친구 자신이다. 수용의 과정을 통

---

15 *New Dynamics in Sexual Love*, Mary and Robert Joyce (Collegeville: St. John's University Press, 1970, p.29).

하여 우리는 이보다 더 큰 선물을 받게 되는데 그것은 바로 우리 자신이라는 선물이다.

  이 책을 계속 읽다 보면, 나의 행복을 완성하기 위해서 일차적으로 필요한 것은 나 자신을 선물로 받는 것이며, 이 선물을 받고 난 후에야 나는 나의 행복을 위한 또 다른 선물인 다른 사람과 하느님을 받아들일 수 있다는 것이 분명해질 것이다.

3

수용의 반대

이 글을 쓰고 있는 바로 이 순간에도 존재 자체로 수용받지 못한 사람들의 수는 수백만 명에 이르며 이것은 전혀 과장이 아니다. 그뿐만 아니라 나는 그 수가 나날이 증가한다고 확신한다. 이러한 현상은 우리가 사람들과 관계를 맺는 일반적인 방식이 수용과는 거리가 멀다는 것을 시사한다. 우리가 수용적인 태도로 관계를 맺고 있는 것이 아니라면 과연 어떤 태도로 관계를 맺고 있는 것일까?

🌿 짐은 성공한 변호사임에도 항상 깊은 열등감과 불만으로 고통스러워했다. 그는 어머니에게 사랑을 받아 본 적이 없었다. 사실 그의 어

머니는 임신 3개월에 옷걸이로 낙태를 시도했다가 실패했고 그가 태어난 날부터 그를 증오했다. 그는 어머니가 어떤 식으로 자신에게 비정상적인 분노를 터뜨리고 매질을 했는지, 또 때때로 어떻게 자신을 차갑게 경멸하고 방치했는지 생생하게 기억하고 있었다.

🌿 세 아이의 엄마인 메리는 심한 우울증을 앓고 있었다. 어린 시절에 그녀의 부모는 거의 집을 비웠고, 메리는 여러 보모의 손에 양육되었다. 메리의 삶은 물질적으로는 항상 풍족했지만, 저명인사인 어머니와 온 국민이 다 아는 너무 바쁜 외과 의사인 아버지의 사랑은 결핍되어 있었다.

🌿 패트는 자살을 시도했다가 실패했다. 그는 어린 시절 내내 어머니의 지나친 관심 속에서

자랐다. 어머니는 패트에게 필요한 것을 다 챙겨 주었고, 몇 시간이 걸리더라도 접시에 담긴 것을 다 먹게 했다. 추운 날에는 머리부터 발끝까지 꽁꽁 싸매지 않으면 밖에 못 나가게 했다. 다칠까 봐 길거리에서 친구들과 노는 것도 허락하지 않고 혼자 마당에서 놀게 했으며, 그렇게 놀다가 손이나 옷을 더럽히지 않으면 상을 주었다.

🌿 20대 초반의 래리는 스스로 인생을 어떻게 살고 싶은지 몰라서 내 사무실을 방문했다. 그는 무엇을 하든 성공하지 못할까 봐 두려웠다. 친절하고 애정이 많은 어머니의 양육을 받았으나 아버지는 항상 그를 하찮게 여겼고 그가 받아 온 성적에 만족하는 법이 없었다. 또한 당신 자신이 어렸을 때는 래리보다 훨씬 더 우수했다는 점을 항상 상기시켰다. 늘 비난하고 결점

을 찾아낼 준비가 되어 있던 아버지는 거의 어떠한 것에도 칭찬하지 않았고, 심지어 래리가 반에서 1등을 했을 때도 마찬가지였다.

부정 [16]

짐, 메리, 패트, 래리가 각각 어린 시절에 그들에게 중요한 사람들과 맺었던 관계의 형태는 부정이라는 말로 가장 잘 설명할 수 있다. 짐은 증오와 폭력으로, 메리는 부모의 '친절한' 방치로, 패트는 숨 막히게 하는 사랑으로, 래리는 아버지의 박대로 존재를 거부당했다. 이들의 경험은 사람들이 서로를

---

[16] 저자가 사용한 단어 'denial'을 본문 맥락에 따라 "부정, 거부, 부인" 등으로 번역했다. - 옮긴이 주

있는 그대로 인정해 주지 않는 수많은 방법 가운데 네 가지 예에 불과하다.

사람들과 관계를 맺는 방법으로 인정이나 수용보다 부정을 선택하는 쪽이 훨씬 더 쉬운 것 같다. 우리 대부분에게 상대방의 부족함이나 결점을 알아차리고 그것을 지적하는 것은 마치 제2의 천성인 것처럼 익숙해 보인다. '상대방에게 도움을 주기 위해' 또는 '도움이 되는 것처럼 보이기 위해' 상대방을 부끄럽게 만들기도 하는데, 그것은 상대방을 수용한 것이라 할 수 없다. 그리고 우리가 다른 사람을 받아들인다고 주장할 때 그 의미를 자세히 살펴보면, 사실 우리의 행위는 상대방이 변화하여 좀 더 우리 자신과 비슷해지기를 바라는 경우가 매우 많다. 이것 역시 상대방의 존재를 부정하는 것이다.

수용받지 못한 사람은 '상대방과 비교하여 자신이 더 낫다고 여김으로써 곧 자신과 자신의 방법만이 좋은 것이며 자신과 다른 상대방은 열등하고 그의 방법은 그 열등함의 표지라고 직접적 또는 암시적으로 표현하여' 자신이 상대방보다 더 잘나고 더 중요하다고 느끼고 싶어 하는 듯 보인다.

상대방을 이기는 것으로 또한 자신의 더 큰 업적과 강점, 장점들을 자랑하는 것으로 자아를 성취하려고 한다. 자신의 방법이 우월한 것이 아닐 수도 있고, 자기 생각만이 옳은 것이 아닐 수도 있고, 자신의 종교적 믿음만이 진실한 것이 아닐 수도 있다는 가능성을 고려하지 않는다.

부정하는 사람도 실은 수용하는 사람처럼 상대방의 다른 점을 인식하지만, 그것을 기뻐하기보다는 위협으로 느끼는 것 같다. 부정하는 사람은 자기 자신의 선함에 대한 확신이 없으므로, 다른 사람의 선함을 부정하고 그 사람이 자신과 같아질 것을 요구함으로써 자기 자신에 대한 확신을 얻으려고 하는 것 같다. 곧 자신에게 있다고 추정할 뿐인 선과 가치를 상대방에게 모방할 것을 요구함으로써 자신이 선하고 가치 있는 존재라는 확신을 얻으려고 하는 것 같다.

부정은 미성숙하고 불안정하고 자기중심적이며 수용받지 못한 사람들의 전형적인 특징이다. 악마에게 기꺼이 자신의 영혼을 팔아넘기고 스스로 지옥을 선택한 파우스트가 그를 찾아온 악마 메피스토펠레스에게 누구냐고 묻자, 메피스토펠레스는 "나는 항상 부정하는 영이다!"라고 대답했다.

이것은 철학자·극작가·시인들의 작품 세계에서 찾아볼 수 있는 수많은 심오한 심리적 통찰들 가운데서도 매우 훌륭한 예이다. 괴테는 개인을 고유한 존재로 만드는 요소인 인간의 영혼 또는 정신에 매우 심한 손상을 입힐 수 있는 것은 다른 무엇보다도 '부정'이라는 것을 잘 알고 있었다. 이와 같이 부정은 인간의 정신적 죽음의 원인이다. 부정은 상대방을 멀리 밀어내게 하므로 우리와 상대방 사이의 간격은 점점 더 크게 벌어지게 된다.

수용받지 못한 사람은 상대방에게 좋은 점이 많

이 있어도 부족함과 결점만을 부각하여 그들을 하찮게 여긴다. 자신과 다르다는 이유로 배제하고 거절함으로써 그들을 외로움이라는 감옥으로 다시 밀어 넣는다. 계속해서 그들의 약점과 부족함에 초점을 맞추어 그들을 무기력하게 하며, 그들이 자신의 실패를 수치스럽게 느끼도록 굴욕감을 안긴다.

부정은 수용과는 정반대이다. 인간의 영혼이 저마다의 고유한 방식으로 활짝 꽃을 피우고, 저마다의 고유한 선함과 다른 사람들의 고유한 선함에 개방되기 위해서는 수용받을 필요가 있다. 이처럼 수용은 다른 사람에게 진정으로 생명을 불어넣어 주는 것이며, 그 사람의 정신적 육화psychic incarnation의 원천과 같은 것이라고 할 수 있다.[17]

종교적이든 비종교적이든, 크든 작든, 어떤 공동체가 이렇게 생명을 불어넣어 주는 수용적 공동체인지 아닌지를 알아볼 수 있는 변함없는 기준은 바로 그 공동체의 다양성pluriformity이다. 다양성이 있는 공동체에서는 모든 사람이 다양한 피부색 · 나이 · 종교적 신념 · 인종 · 정치적 성향 등을 초월하여 진정성 있는 상호 존중과 수용을 받기 때문에 참된 자기 자신이 될 수 있다.

양극화

그러나 있는 그대로 수용하지 않는 공동체, 곧 '부정'이 만연한 공동체들은 양극화 현상이라는 특징을 가진다. 크게 볼 때 양극화는 남자를 여자와,

---

17 이것은 심리적 탄생 또는 두 번째 탄생이라고 명명할 수 있다. 1장에서 설명한 것처럼 정신적psychic이라는 말은 심리적psychological이라는 말보다 훨씬 더 포괄적이므로 정신적 육화psychic incarnation가 적합한 표현이다. 정신적psychic이라는 말은 인간의 의지는 물론 지적, 영적, 정서적 영역을 모두 가리킨다. - 원출판사 주

백인을 백인이 아닌 사람과, 민주당원을 공화당원과, 보수당원을 자유당원과, 30세 이상을 30세 미만과, 하나의 인종을 다른 인종과, 하나의 교파를 다른 교파와 구분하는 것이다.

양극화된 사람들은 그들 자신과 다른 집단에 속한 사람들을 구분하는 다른 점이 무엇인지 알고는 있지만, 수용적인 사람들처럼 존중과 존경으로 그 다른 점들에서 감동을 받거나 기쁨을 발견하지 못한다. 그들은 오로지 또는 주로 그들 자신만을 존중하고 존경하며, 그들과는 다른 사람들과 관계 형성은 회피한다. 물론 여기서 말하는 다른 점은 개인적인 기호나 성향 등이 아니라 보다 더 근본적인 것이다.

양극화는 다음과 같은 네 가지 형태의 부정에서 비롯된다.

1. 자기 수용self-affirmation을 통하여 부정하기[18]
2. 다음과 같은 방식으로 상대방을 직접 또는 간접

_으로 부정하기

a. 무시하기

b. 결점에 주의 기울이기

c. 하찮게 여기기, 험담하기, 악의적인 소문 퍼뜨리기

d. 부당하고 부적절하게 비판하기

e. 고마워하지 않기("그렇게까지 할 필요는 없으셨는데요!" 또는 "천만에요!"와 같은 지나친 사회적 격식으로 위장하는 경우도 포함).

f. 당신을 필요로 할 때 너무 바쁘다는 이유로 응답하지 않기

g. 상대방이 울음이나 화 또는 다른 감정들을 표현하는 것을 허용하지 않기

h. 불신하기, 캐묻기, 점검하기, 몰래 감시하기

---

18 5장 참조.

i. 부적절하게 돌보기(엄마가 책을 읽으면서 우유병을 베개에 받쳐 세워 두고 아기가 혼자 우유를 먹도록 버려두기).

j. 방치하기(얼마 전 한 육아 잡지에서 아이 방치를 묘사한 가슴 아픈 만화를 보았다. 그것은 한 남자아이가 전구로 만든 초가 몇 개 꽂혀 있는 생일 케이크와 '생일 축하 노래'가 흘러나오는 녹음기가 놓여 있는 식탁 앞에 혼자 서 있는 그림이다.)

k. 합리적인 가르침을 원하는 자연스러운 욕구를 좌절시키기(데이트 준비를 하는 십 대 딸에게 부모가 비합리적인 설교를 한다. "남자 친구와 집 앞에서 차 안에 함께 앉아 있지 마라. 나는 이웃 사람들이 수군거리는 것을 원하지 않는다.").

l. 부모가 어린 자녀가 울거나 바지에 오줌을 쌌다고 때리는 것도 아이를 부정하는 것이 아닐까? 최근에 한 신문의 머리기사는 이러했다. "매 맞는 아이 증후군이 급속히 퍼지고 있다.

올 한 해에만 학대로 인해 영구적인 손상을 입은 어린이가 30만 명에 달할 것이다."[19] 이러한 형태의 부정은 그 숫자만 보더라도 비수용적인 태도를 형성하는 매우 중요한 원인임을 알 수 있다.

3. 대인 관계에서 중립적인 태도를 유지하려고 애쓰며 부정하기

누군가가 어떤 것에도 연루되고 싶지 않고, 절대로 헌신을 요구하거나 필요로 하지도 않는 '개방된 마음'을 가지고, 악한 것을 '참는 자세'로 중립을 유지한다면 이것은 진실을 부정하는 것이다. 그런데 사람들과 관계에서 중립을 지킨다는 것은 불가능하다는 것을 알아야 한다. 어떤 대인

---

[19] 웹사이트 Childhelp.org의 2015년 조사에 의하면, 미국에서는 매년 아동 학대 또는 방치에 관한 신고 수가 300만 건이 넘고 있으며, 이 사건들에 연루된 아동은 600만 명이 넘는다고 한다. - 원출판사 주

관계에서든 사실 사람은 상대방을 수용하거나 부정한다. 그 중간 어디쯤은 없다!

4. 거짓 수용 pseudo-affirmation 으로 상대방 부정하기

우리는 다음과 같은 방식으로 매우 쉽게 거짓된 수용을 할 수 있다.

a. 건성으로 어깨 두드리기, 피상적으로 칭찬하기.

b. 딸이 치과 진료실에 들어가자마자 "아무것도 무서워할 것이 없어."라고 말해 주는 것처럼 상대방의 감정을 전혀 몰라준 채 서둘러 격려하기.

c. 주의 깊게 경청하지 않고 부적절하게 너무 빨리 충고하기. 진정으로 수용적인 부모는 충고하기 전에 적당한 때 자녀가 마음에 담고 있는 것을 내려놓거나 질문할 수 있도록 하던 일을 다 멈추고 자녀에게 집중한다.

d. 다른 사람의 감정을 상하게 하는 것을 절대로 원하지 않기. 이것이 거짓 수용이라는 것이 이

상하게 들릴 수도 있다. 하지만 내가 어떻게 느끼는지 당신이 절대 알지 못하게 하고, 그렇게 함으로써 당신에게서 장차 나를 더 나은 방식으로 대할 기회를 박탈한다면, 나는 당신의 선함을 믿지 못하는 것이며 당신을 있는 그대로 존중하지 않고 수용하지 않는 것이다.

e. 젊은 사람들에 대한 방임적 행동. 이러한 태도는 대부분 거짓 수용에 불과하다. 무분별한 허용적 태도는 연장자들의 합리적인 가르침에 대한 젊은 사람들의 필요를 부정하는 것이기 때문이다. 그러나 연장자들이 비합리적으로 젊은 사람들을 가두고 규제한다면 이것 또한 거짓 수용이다.

f. 단기적인 효율성을 가진 다양한 테크닉들을 사용하여 참가자들의 억압된 정서 또는 발달이 지체된 정서를 속성으로 해방시키는 것을 목표로 하는 감수성 훈련 집단, 주말 치유 프

로그램, 이와 유사한 프로그램들이 제공하는 수용도 엄격한 의미에서는 거짓 수용이라고 할 수 있다.

g. 통솔하는 사람이 통솔을 받는 사람들에 대한 존중심 없이 자신의 행동 기준을 강요하는 가부장주의, 식민주의, 권위주의도 거짓 수용이다.

h. 도덕적 기준과 교훈을 하향 조정하는 것이 사람들을 더 행복하고 더 만족스럽게 해 준다는 잘못된 관점을 가지고 그렇게 시행하기. 이러한 태도는 아무런 억제 없이 모든 감정을 경험하고 표현하는 것이 완전한 성장을 위한 절대적인 전제 조건이라는 잘못된 신념에서 비롯된다. 객관적으로 볼 때 바람직하지 않은 행동을 증진시키는 이러한 거짓 수용을, 걸어 보려고 애쓰면서 비틀거리고 넘어지는 아이를 계속 넘어지도록 격려하는 것과 비교해 보자. 이때 아이는 일어서서 걷는 기쁨을 누

리지 못하게 된다. 마찬가지로 원할 때마다, 원하자마자 원하는 사람과 성관계를 맺도록 make love 허용되고 격려를 받는다면 그 사람은 사랑받는being loved 기쁨을 누리지 못하게 될 것이다.[20]

i. 상대방에 대한 완전히 비이기적이고 진심 어린 사랑에서 비롯된 것이 아닌 사랑의 '치료적' 제스처는 진정한 수용이 아니다. 내가 내담자에게 수용받는다는 것을 느끼기 위해서 내담자를 수용한다면 나는 수용적인 사람이 갖추어야 하는 가장 중요한 기준 곧 내담자에 대한 완전히 비이기적 태도라는 기준을 충족시키지 못한 것이다.[21] 나는 진정으로 내담자

---

[20] 7장의 간디에게 바치는 헌사 참조.
[21] 4장 참조.

를 수용할 때에만, 그리고 내가 그렇게 선의와 사랑을 가지고 그를 대한다는 것을 내담자가 알아차리고 느끼게 되었고 내담자가 그 느낌을 드러내고 싶고 또 기꺼이 드러낼 수 있다면 나는 딱 그만큼만 나에 대한 내담자의 수용을 경험하게 될 것이다. 내담자는 나에 대한 자신의 수용을 표현하는 것을 원하지 않을 수도 있기 때문이다. 하지만 내담자가 기꺼이 나에 대한 감정을 표현해 준다면 그것은 내담자도 나도 훨씬 더 큰 행복을 향하여 성장할 수 있는 상호 수용 과정의 시작이 될 것이다.

어떤 종류의 관계에서든 이러한 현상을 관찰하고 알아차리는 것은 중요한데 특히 치료적 관계에서는 더욱 그렇다. 치료적 관계에서는 상담자들이 내세우는 학위와 직함과 그들이 사용하는 그럴듯해 보이는 단어와 용어들로 인해 방심하고 있는 내담자들이 실제 받게 될 것보다 훨씬 더 많은 것을 기대할 수 있기 때문이다. 수용받지 못한 사람 특히 애정 결핍 장애가 있는 사람의 치유는 절대로 어떤 테크닉이나 방법들, 어른인 척하는 상담자의 거짓 수용에 의해 이루어지는 것이 아니며, 주로 근본적으로 진정으로 수용받은 경험이 있는 성숙한 상담자의 진정성 있는 수용으로 이루어진다!

4

수용받은 사람의 초상

구름 한 점 없이 맑은 어느 날 로마의 레지나 첼리 교도소의 재소자들이 마당에 모였다. 이렇게 모이는 것은 매우 특별한 일이었다. 그들 앞에는 '뚱뚱한 한 남자, 잘생기지는 않았으나 가면을 쓰지 않은 사랑하는 데 비범한 아름다운 한 남자'가 서 있었다.[22]

그는 절도, 살인, 사기 등으로 복역 중인 그들을 방문할 기회를 갖게 되어 기쁘다고 말했을 뿐 아니

---

[22] *The Zen of Seeing*, Frederick Franck (Vintage Books, 1973). 이 책은 국내에서 「연필 명상」(프레데릭 프랑크 지음, 김태훈 옮김, 위너스북, 2014)으로 출간되었다. – 편집자 주

라, 사촌이 불법 침입으로 체포되어 교도소에 간 적이 있음을 망설임 없이 회상하면서 다음과 같은 말로 연설을 마쳤다. "저는 이곳에 왔고, 여러분은 저를 보았고, 저는 여러분의 눈을 보았습니다. 저는 제 마음을 여러분의 마음 곁에 두고 갑니다. 저는 이 만남이 제 마음속 깊이 새겨질 것이라고 확신합니다."

그에게 다가가도록 허락받은 수감자들이 그의 반지에 입을 맞추었다. 그들 가운데 두 명은 살인범이었는데 그중 한 명이 깊은 슬픔에 잠긴 얼굴로 그를 올려다보며 "오늘 우리에게 하신 말씀이 저와 같은 큰 죄인에게도 해당되나요?" 하고 물었다. 요한 23세로 더 잘 알려진 교황 안젤로 론칼리는 허리를 굽혀 그를 포옹하는 것으로 그 질문에 답했다.

개인적으로 만난 적이 있든, 텔레비전에서 보았든, 가톨릭 신자든 아니든, 남녀노소 불문하고 온 세상 사람들이 교황이 만나는 모든 사람을 존재 자체로 받아들이는 모습을 보고 감동하여 마음의 문을 열었다. 나의 많은 환자들 특히 있는 그대로 수용받은 경험이 없는 환자들은 요한 23세가 교황으로 있는 동안 그분을 텔레비전에서 볼 때마다 깊은 감동을 받곤 했다고 말했다. 어떤 환자들은 교황이 어떻게 눈물이 날 만큼 그들을 감동시키고, 그들 기분을 좋게 행복하게 해 주는지 그 이유를 묻기도 했지만, 대부분은 아무것도 묻지 않았다. 그들은 자신이 교황에게 중요한 사람이고, 그분이 그들을 있는 그대로 사랑하신다는 것을 바로 말로 표현할 수는 없었지만, 자신들이 수용받음의 효과를 경험하고 있다는 것을 이미 '알고 있었다.' 교황 요한 23세를 직접 만난 사람들은 그분 앞에 있으면 판단받지 않고 있는 그대로 사랑받고 있음을 느낄 수 있었다고 말했다. 요한 23세는 이탈리아의 어느 공산주의 노동자가 "기분 좋게 함께 앉아 술 한 잔 하고 싶은 사람이다!"라고 표현한 현 시대의 유일한 교황이었다. 그분은, 이 '뚱뚱하지만 아름다운 사람'은 다행히도 사람을 있는 그대로 수용하는 부모의 양육을 받아 인간과 세상의 모든 것, 그리고 하느님을 있는 그대로 사랑하고 수용할 수 있게 되었고, 그러한 사람에게 있는 모든 자질을 가지고 있었다.

 그분은 섬세한 감수성을 지녔고 항상 개방적이며 사심 없이 겸손하고 평온하고 여유로웠으며 자기 절제에 능했다. 그분에게는 행복의 빛이 뿜어져 나왔다. 이러한 자질들은 수용을 경험한 사람에게 나타나는 직접적인 결과인데, 성장하면서 더욱 향상하거나 쇠퇴하기도 한다. 수용할 수 있는 사람들에게서 여전히 두 번째 탄생이라는 선물을 기다리고 있는 사람들을 위하여, 우리는 수용받지 못해서 수용하지 못하는, 대체로 신경증적인 이 사회 안에 우리의 성장을 돕거나 방해하는 다양한 요소들이 작용하고 있다는 사실을 인식할 필요가 있다.

섬세한 감수성

  인간은 감각 기관을 통하여 외부 세계를 지각하는 능력을 자극하고 성장시키기 위하여 세상에 존재하는 많은 다양한 감각적 대상들을 일찍 경험할 필요가 있다. 진흙으로 성 쌓기, 모래 상자 놀이, 눈싸움, 수영, 기어 다니기, 올라가기, 달리기, 반려동물과 놀기 등의 활동들은 모두 아이의 감각을 자극하고 발달시킨다. 이러한 학습은 유치원 다닐 나이의 아이들을 위한 몬테소리 교육에서 특히 두드러지게 나타난다.

  단순한 장난감을 가지고 놀고 스토리텔링을 접하면 인간의 창의력 발달을 위해 중요한 요소인 상상력이 자극된다. 실제 소방차와 똑같이 생긴 장난감 소방차, '정교한' 인형, 전기 기구를 그대로 본뜬 소형 장난감 등만을 가지고 놀거나 너무 오래 텔레비전을 보는 아이들이 감각 발달 면에서 장애를 겪게 될 것은 거의 분명하다. 그러한 활동은 아이가 상상할 수 있는 여지를 전혀 남겨 두지 않기 때문이다. 성장하는 아이에게 적절한 때에 적절한 등급의 다양한 감각 대상을 제공하면 아이는 주어진 대상에서 점점 더 많은 즐거움을 맛보게 되고, 이러한 즐거움은 점진적으로 확대되는 주변 환경 안에서 더욱더 많은 접촉을 원하도록 아이의 욕구를 자극하게 된다.

반면에 응석받이로 키워진 아이는 미처 욕구를 갖기도 전에 너무 많은 장난감을 너무 일찍 받기 때문에 주어진 감각 대상들을 좋아하고 원하고 감사히 여길 기회를 얻지 못한다. 이러한 아이는 '지금 사고 돈은 나중에 내는' 어른, 기다릴 수 없어서 당장 모든 것을 가져야 하는 어른이 된다. 응석받이 양육의 원리는 물질적인 대상에만 국한되지 않고 영적인 영역에도 이어진다. 아이가 종교적이고 영적인 것에 너무 일찍, 과도하게 접촉하면 오히려 신앙과 경이감의 발달이 방해를 받을 것이다.

아동기에 고전과 교향곡과 예술 작품의 아름다움을 접하면, 아이의 감각은 더 세련되고 섬세하게 발달할 것이고, 다양한 자극에 응답하는 정서 능력도 더욱 향상될 것이다. 아이의 감수성이 발달하면서, 아이는 사물과 사람에 내재한 선을 알아보고 그러한 선에 대한 갈망을 느끼면서, 선 안에서 기쁨과 즐거움을 발견하는 아이의 능력도 더욱더 발달한다. 요한 23세 교황의 경우와 같이 이러한 감수성은 그것을 가진 사람의 표정과 내적 외적 태도에서 나타난다. 이에 대하여 프레데릭 프랑크는 이렇게 말했다.

"극히 드문 일이지만 나는 가면을 쓰지 않은 완전히 살아 있는 얼굴, 모든 위대함을 갖춘, 거짓과 가식의 흔적이 없는 인간의 얼굴을 보았다. 내가 이토록 완전한 아름다움을 가진 영혼을 만난 것은 바로 교황 요한 23세로 더 잘 알려진 안젤로 론칼리 교황의 얼굴을 보았을 때이다."[23]

🌿 요한 23세 교황은 만추Manzù가 조각한 자신의 흉상들 가운데 하나를 자세히 살펴보았다. 교황은 마치 모든 감각을 동원하여 흡수하듯이 자신의 모습을 들여다보았다. 이러한 관찰은 아는 것에 대하여는 문을 활짝 열고 미지의 것에 대하여는 제한된 시각을 갖도록 학교와 사회를 통하여 훈련받은 아이에게서는 찾아볼 수 없는 접근법으로, 곧 무방비 상태로 열려 있는 접근법이었다. 그는 아이처럼 또는 원시 생물체처럼 본능적으로 촉각을 사용했다. 조각가가 자신의 귀를 얼마나 크게 만들었는지 알아차리고는 붉은 루비 반지를 낀 손을 들어 엄청나게 큰 귀와 길게 늘어진 두꺼운 귓불을 만져 보았다. 그렇게 하면서 그의 입가에 다시 미소가 번졌고 그의 눈은 마치 길모퉁이에서 우

연히 옛 친구를 마주치기라도 한 것처럼 반짝거렸다. 그리고 만추를 돌아보며 마치 오랫동안 만나지 못해서 할 이야기가 무척 많은 것처럼 고개를 끄덕이며 말했다. "예술가의 손이 살아 있는 작품을 만들 수 있다니 이 얼마나 놀라운 일인가요."[24]

개방성

모든 선하고 아름다운 것에 대한 개방성은 수용받은 사람에게 직접 나타나는 결과이다. 수용은 우리에게 참된 생명을 주는 선물이다. 사회나 온갖

---

23 *The Zen of Seeing*, Frederick Franck (Vintage Books, 1973).
24 *An Artist and the Pope: The Friendship of Manzu and John XXIII*, Peter Davies (London: 1968).

종류의 직업들이 강요하는 비합리적인 요구들 곧 선함과 아름다움에 대한 개방성을 다시 줄이거나 없앨 수도 있는 요구들을 절대로 받아들이지 말고 소중히 보호해야 하는 선물이다. 교황이라는 직책으로 인해 받는 압박은 매우 크며 그러한 압박을 받으면 아무리 외향적인 성격의 소유자라도 심각한 영향을 받을 수 있다. 하지만 요한 23세 교황은 주변의 모든 생명체에 관하여 너무도 큰 사랑을 지니고 있었기 때문에 재위 기간 동안 본래 가지고 있던 개방성에 전혀 부정적인 영향을 받지 않았다. 어느 날 교황은 케네디 대통령 부부를 맞이할 준비를 하면서 미국 대통령의 부인을 어떻게 부르는 것이 적절한지 물었다. '영부인' 또는 그냥 '부인'이라고 부를 수 있다는 대답이 돌아왔다. 그러나 교황은 알현실로 들어가며 자연스럽게 두 팔을 벌리고 활짝 미소를 지으며 외쳤다 "아, 재클린!"

1960년 10월, 유다인 연합과 미국 유다인 복지

기관의 대표단 200명이 교황을 알현하기 위해 로마에 왔다. 교황은 "저는 당신의 형제 요셉입니다!"라고 성경 구절을 인용하면서 두 팔을 벌려 그들을 환영하셨다.

교황의 서재로 안내를 받은 미국 성공회 수좌 주교 아서 리히텐베르거가 멀찍이 서 있던 교황 앞에 무릎을 꿇어 인사를 하려고 하자 교황이 두 팔을 벌리고 그에게 다가왔다. 그 모습이 너무 자연스러워 리히텐베르거 주교 역시 두 팔을 벌려 그를 맞았다.

수용받은 사람만이 가질 수 있는 개방적이고 우호적인 존재 방식으로 삶을 살아갈 때 우리는 서로에게 온전히 집중할 수 있고 참된 자아로 살아가는 과정에서 우리의 몸과 정신과 감각이 드러내 보여주는 것들에 매료되고 경이로움을 경험하게 된다. 이러한 개방적인 존재 방식으로 살 때 우리는 자신이 어떤 사람이어야만 하는지 어떤 기대로 어떤 행동을 해야 하는지 생각하지 않고 서로에게 다가갈 수 있다. 수용받은 사람으로서 우리는 눈과 귀와 손이 말해 주는 것을 존중하는 마음으로 경청하며 이렇게 알게 된 것들이 우리의 생각을 형성하도록 허용한다. 감정이 억압되어야 한다고 잘못 판단하지 않는 한, 우리가 느끼는 감정들은 요한 23세가 그러했듯이 자유롭고 자발적으로 그 모습을 드러낼 것이며, 우리는 생각이 이러한 감정들에 영향을 끼치고 반향을 일으키도록 허용할 수 있다. "…만추가 우물우물 감사의 인사를 하고 존경과 우정의 표시로 교황 반지에 키스를 하려고 하자 교황은 그의 어깨를 잡고 가까이 끌어당겼다. 그것은 아버지가 아들에게 하는 행동이었으며 그들은 그 포옹을 통하여 말로 표현할 수 있는 것보다 훨씬 더 많은 질문과 대답을 주고받는 것 같았다."[25]

---

25 같은 책, 155쪽.

여기서 말하는 개방성openness은 일반적으로 널리 알려진 '열린 마음가짐'open-mindedness이라는 개념보다 훨씬 더 폭넓으며, 다음과 같은 태도로 폐쇄되거나 역전될 수 있다.

1) 자기중심적 태도

우리는 몸이 아프거나 불편할 때 먼저 자신에게 주의를 기울이게 되고, 또 그것이 필요하다. 아프면 우리의 첫 번째 관심사는 회복이다. 회복이 되어야 자유로움을 느낄 수 있고 밖을 내다볼 수 있다. 이와 마찬가지로 수용받지 못한 사람은 자신이 갇혀 있는 외로운 감옥의 문이 외부에서 열리기를 기다리는 동안 어쩔 수 없이 자기중심적이 된다.

2) 우리 또는 우리가 사랑하는 사람들에게 나쁜 일이 일어날지도 모른다는 끊임없는 두려움 속에서 살기

기술 정보 분야에서의 획기적인 발전은 영적인 면에서 인간의 성장을 매우 큰 차이로 따돌려 왔다. 인간은 하느님보다 중요해졌다. 인간 중심 사회에 살면서 우리는 인간을 모든 질병과 문제를 해결해 줄 구세주로 여기고 인간에게 의존하도록 강요받는다. 하지만 마음 깊은 곳에서는 인간의 힘과 능력에 한계가 있다는 것을, 어떤 분야의 전문가든 한계가 있다는 것을 너무 잘 알고 있다. 이렇게 우리에게 한계가 있다는 사실은 걱정과 불안을 불러일으킨다. 존재하는 모든 것에 내재한 선에 대하여 개방적이 되고 그래서 두려움 없이 살기를 원한다면 우리는 사랑이신 하느님을 마음으로부터 믿고 신뢰해야 한다. 그런데 마음에서 우러나오는 이러한 신앙과 신뢰는 정서적인 수용을 통해서만 맺어지는 열매이며 정서적 수용을 통하여 계속 성장하고 발전한다. 수용받지 못한 사람은 지성적으로 합리적인 이유를 발견하면 자신의 의지를 하느님께로 향하는 것을 매우 잘한다. 하지만 온전히 지성적으로만 하느님께 나아갈 때 그것만으로는 하느님께 대한 사랑의 감정을 불러일으키고 모든 존재에 내재한 선을 깨닫고 느끼도록 마음을 여는 데 부족하다는 것을, 심지어 지성이 거의 도움이 되지 않는다는 것을 깨닫게 된다. 실제로 극심한 정서적 스트레스 상황에 맞닥뜨리면 지성 중심의 영성적 성향은 쉽게 무너지고 그 무너진 자리에는 근본적으로 두려움에 찬 자기중심적 성향이 모습을 드러낸다.

3) 목적 달성과 야망의 실현을 위한 쉼 없는 노력

과도한 야망을 품은 사람들과 자기 수용을 추구하는 사람들은 모두 우리가 사는 인간 중심 사회의 피해자들이다. 이들의 자기중심적 성향은 두려움보다는 활기찬 노력에 의해 동기화된다. 이들의 '좁은 시야'는 끊임없이 걱정하는 사람들의

'근심 어린 시선'만큼이나 이들이 개방적인 태도를 갖는 것을 방해한다.

평온하고 여유로운 삶의 양식

개방적이고 우호적인 존재 방식은 인간의 모든 행동을 변화시킨다. 이러한 존재 방식은 자기 자신을 온화하고 친절하게 대하도록 해 주고, 자신에게 먹고 쉴 시간을 허용해 주고, 밤에는 물론 낮에도 조용히 머물게 해 준다. 이러한 고요함과 평온함은 우리의 에너지가 다시 원천으로 흘러가 우리 자신을 새롭게 충전할 기회를 제공한다.

분주하고 의욕이 넘치는 사람은 실용적인 목적을 가지고 있으며, 자신을 끊임없이 움직이게 하는 그 목적을 이루는 데 도움이 되지 않으면 다른 사람에게 신경을 쓰지 않는다. 박물관을 뛰어서 지나가는 사람은 그림과 조각들의 아름다움이 불러일으키는 감동을 느낄 수 없다. 음식과 음료수를 급하게 먹고 마시는 대식가에게는 모든 음식의 맛이 같다. 그 사람에게 중요한 것은 질이 아니라 양이다. 관상적인 사람, 예술품 감정가, 미식가와 같은 사람들만이 사물에 내재한 선을 알아볼 수 있고 그 선에 의해 감동을 하고 기쁨과 행복을 누린다.

침묵과 함께 고요함은 경청의 필수 요소이다. 고요한 사람만이 상대방이 무슨 말을 하려고 하는지 들을 수 있고, 고요함만이 상대방이 드러내는 것을 감지할 수 있기 때문이다.

프레데릭 프랑크는 그가 진행하던 '봄 그리고 그림' 수업의 첫 시간을 마치고 어떤 여성이 한 말을 인용한다. "나는 과부이며 혼자 살며 자주 외로움을 느낍니다. 그런데 오늘 나는 만일 주변에 있는 것들을 진정으로 본다면 우리가 더는 외롭지 않을 것을 알았습니다!" 이렇게 수용은 인간에게만 국한

되지 않는다. 무생물을 수용하더라도 그것을 수용하는 사람은 바로 그 대상으로부터 수용을 받아 더는 외롭지 않다!

이기적이지 않은 태도와 겸손

여유 있고 개방적이며 감수성이 섬세하고 잘 통합된 사람이라면 상대방의 선함이 가면 아래 숨겨져 있다 하더라도 그것을 알아차리는 것이 어렵지 않다. 그러나 이런 사람이라도 근본적으로 이기적이지 않은 태도를 지니고 있어야만 상대방을 소유하려 하지 않고, 자신을 위해 어떠한 것도 기대하거나 요구하지 않고 순수하게 상대방의 선에서 기쁨을 느낄 수 있다. 진정으로 이기적이지 않은 사람은 상대방의 고유성에 대한 겸손한 존경심과 경이감으로 가득 차 있으며, 이러한 태도는 상대방의 고유성을 한 치의 오차도 없이 있는 그대로 존재할 수 있도록, 온전하고 사랑스럽고 존경받을 만한 바로 그 모습 그대로 존재할 수 있도록 해 준다. 교황 요한 23세가 바로 그러한 사람이다.

🌿 교황은 그의 팔을 잡은 채로 말했다. "친애하는 만추, 이 광장을 방문하는 사람들을 보십시오. 나라는 보잘것없는 사람은 별로 중요하지 않습니다. 우리는 함께 기도하고 서로를 바라보고 인사를 나눕니다. 그들이 나에게서 힘을 얻는 것처럼 나도 그들에게서 힘을 얻습니다. 좀 더 말하자면, 나는 그들에게 그저 형제일 뿐인데, 다만 우리 주 예수 그리스도께서 원하시기 때문에 아버지가 된 것입니다. 아버지가 되든지 형제가 되든지 그 모든 것은 하느님께 달려 있습니다. 우리가 할 수 있는 일 가운데 중요한 것은 계속 서로를 사랑하고, 우리를

반목하게 하는 원인이 될 수 있는 작은 것들은 옆으로 치우고, 우리를 하나가 되게 하는 것들을 소중히 여기는 것입니다."[26]

이기적이지 않은 사람은 자신의 손바닥에 놓인 금가루를 혹시 움켜쥐면 없어질까 조심하며 경탄의 눈으로 바라보는 사람과 같다.

이기적이지 않은 자세를 갖는 것은 쉬운 일이 아니다. 우리는 모두 원죄에 물든 본성 때문에 이기적인 태도를 가지고 있다. 하지만 사이코패스와 같은 성향을 타고난 것이 아니면 우리는 모두 이기심을 극복하고 크게 성장할 수 있다. 그리고 더 많은 수용을 받을 수만 있다면 성숙하고 이타적인 사람이 되어 가는 길을 닦고 그 길을 걸어가는 것이 훨

---

[26] 같은 책, 56쪽.

씬 더 쉬워질 것이다.

도덕적 자기 절제

 수용적인 사람은 상대방이 받아들일 수 없는 것을 주지 않으며, 상대방이 줄 수 없거나 할 수 없는 어떤 것도 요구하지 않는다. 그리고 도덕적 규범에 반하는 것은 어떤 행동이든지 절제한다. 특히 그러한 행동을 하거나 참여하고 싶어 하는 사람이 있는데 그 사람의 감정이 이성과 의지에 의해 다스려질 만큼 충분한 인격적 통합과 성숙을 이루지 못했을 경우에는 더욱 그렇다.
 수용적인 사람은 상대방에 대한 사랑과 그 사람에게서 발견한 기쁨을 표현할 때 그 사람에게 도움이 될 만큼만 한다. 이것이 사랑의 가장 높은 수준인 절제하는 사랑을 실천하는 것이다. 그런데 불행하게도 절제하는 사랑은 감정의 억압이라는 오해를 너무나 자주 받아 왔다. 실은 절제하지 않는 사랑이 진정한 사랑이 아니다!

수용하는 사람의 사랑은 상대방이 그 안에서 자기 자신으로 존재할 수 있는 집, 세상으로부터 자신의 결함을 숨길 수 있는 집, 자신의 방법으로 자신의 때에 자기 자신으로 성장할 수 있는 그런 집을 짓는 아버지의 사랑과 같다. 곧 수용하는 사람의 사랑은 상대방을 있는 그대로 받아들이는 겸손하고 보호하고 돌보는 사랑으로 집을 짓는 아버지의 사랑과 같다.

🍃 다른 교황들도 "나의 사랑하는 자녀들이여,"라고 하면서 같은 창가에 서 있다. 하지만 요한 23세 교황은 같은 말을 다른 방식으로 하는 것 같았다. 로마인들과 세계 곳곳에서 온 순례자들은 요한 23세가 항상 안전하게 운전하고

따뜻하게 입고 다니고 정직하게 승부를 겨루고 서로 사랑하라고 당부하며, 소련 우주인들을 위해서까지 기도해 달라고 부탁하는 것을 듣고 놀랐다. 그리고 사람들은 마치 이 집에서 잃어버렸던 아버지나 형제를 찾을 수 있는 것처럼, 마치 잃어버린 아버지나 형제를 이 창가에서 다시 만나 볼 수 있는 것처럼 일요일마다 정오에 그분을 뵈러 왔다.[27]

요한 23세라는 이 수용적인 사람이 자기 절제라는 사랑으로 사람들을 대하면서 가장 깊은 행복을 발견한 곳도 바로 이 집이었다. 그리고 바로 이러한 이유로 요한 23세 교황은 직책의 막중한 무게에도 불구하고 열린 태도를 유지할 수 있었다. 뿐만

---

27 같은 책, 54쪽.

아니라 그의 수용에 대한 응답으로 세상이 그를 수용해 줌에 따라 그는 더욱 개방적이고 더욱 행복한 사람이 될 수 있었다!

5

무익한 자기 수용[28]

있는 그대로 수용을 받지 못했기 때문에 스스로를 가치 없고 하찮은 존재라고 느끼지만, 평균 이상의 우월한 지력, 창의적 재능, 지도력, 육체적인 아름다움, 활기찬 추진력, 투지, 용기와 같은 다른 많은 자질들에 있어서는 하나 또는 그 이상을 받았다면 무엇을 하겠는가? 게다가 환경, 운명, 행운의 별, 그 외에도 세상살이에 유리한 다른 많은 것들

---

28 상대방의 존재 가치를 있는 그대로 인정하고 수용하는 것을 의미하는 'affirmation'에 비해, 'self-affirmation'(자기 수용)은 스스로 자기 자신의 존재 가치와 중요성을 세상에 증명하기 위한 일련의 과정을 의미한다. - 옮긴이 주

을 받았다면 무엇을 하겠는가?

수용받지 못한 다른 많은 사람이 그런 상황에서 했던 것을 당신도 할 것이라고 확신한다. 다시 말해, 아무도 당신을 사랑하지 않아도 당신이 얼마나 중요하고 무시할 수 없는 사람인지를 당신 자신과 가족, 그리고 온 세상에게는 아니더라도 최소한 당신 이웃들에게라도 납득시키려고 할 것이다. 좀 더 정확하게 말하면 아마도 납득시키는 데 혈안이 될 것이다. 또한 당신 자신이 성공적인 삶을 살 확률이 얼마나 될 것이라고 생각하는가? 평균 이상일 것이라고 생각하지 않겠는가? 아니, 수용 한 가지만 제외하고, 여러 재능, 아름다움, 지성, 추진력, 좋은 환경 등 다른 많은 것을 가졌는데 다른 사람보다 훨씬 더 성공적이어야 한다고 생각하지 않겠는가?

아돌프 히틀러

히틀러의 아버지는 고아였다. 그는 권위적인 인물이었고 그에 걸맞게 걸핏하면 화를 내는 성격의 소유자였다. 히틀러는 아버지의 명령에 항상 예외 없이 복종해야 했다. 그는 너그러운 성격을 가진 어머니의 사진만 간직하고 있었으며 아버지의 사진은 단 한 번도 가지고 있지 않았다. 아주 드문 경우지만 아버지에 대한 언급을 해야 할 때는 끓어오르는 분노를 억제하곤 했다.

히틀러는 마마보이였다. 세관 공무원이었던 아버지는 장기간 집을 떠나 있었으므로 그동안은 아들을 야단칠 수 없었고, 엄마는 아들이 원하는 것은 무엇이든 다 할 수 있도록 내버려 두었다. 훗날 히틀러는 개인 비서 중 한 명에게 자신이 다섯 살이 될 때까지 엄마 무릎에 앉아 있곤 했다고 자주 자랑했다. 졸러 대령이 정확한 관찰력과 섬세한 직관

력을 가지고 있다고 평가한 이 비서는 훗날 '뉘른베르크 전범 재판의 가장 믿을 만한 증인'이 되었다.[29] 의심의 여지없이 히틀러는 부적절하게 수용을 받은 아이였다. 평균 이상의 지능을 가졌지만 학업 성적은 낮았다. 여러 편의 전기에 직접 그린 그림들로 미루어 볼 때 그에게는 분명히 예술적 재능이 있었지만 그는 건축 학교 입학시험에 실패했다. 그는 다양한 독서, 특히 역사와 정치에 관한 독서를 했는데, 그의 학업은 대체로 독서를 통한 독학으로 이루어졌다. 여러 해에 걸친 극심한 가난과 실직과 군 복무 그리고 수감 생활까지 이 모든 것은 정서적으로 학문적으로 인정도 수용도 받지 못한 이 사람에게 강력한 영향을 끼쳤으며, 훗날 그가 맞이하게 되는 최후의 운명으로 그를 이끌었다. 그가 자신의 목적을 달성하게 된 것은, 그것이 '운명'이었기 때문도, '범죄적 사이코패스'의 권모술수를 썼거나 '정신 나간 독재자' 또는 '간질 발작을 일으키는 유다인 혐오자'

였기 때문도 아니었다. 그것은 바로 자기 자신과 세상에게 자신이 얼마나 중요한 사람인지를 납득시키고자 하는 강박적 충동 때문이었다. 그리고 이러한 사실을 뒷받침해 주는 많은 증거들이 존재한다.

정신 분석학자 월터 랭어는 그의 비밀 전시 보고서인 「히틀러의 정신 분석」[30]에서 히틀러는 '사이코패스', '신경증', '경계선 정신 분열증' 환자라는 다양한 진단을 내놓았다. 히틀러를 묘사하는 진단명들이 이렇게 서로 모순되고 혼란을 초래하는 것으로 미루어 볼 때 히틀러라는 사람의 성격을 좀 더 명확하게 설명할 수 있는 다른 진단이 가능할 것이라고 생각할 수 있다.

앞에서 언급한 대로 히틀러의 개인 비서가 경험

---

[29] *Douze ans aupres d'Hitler*, Albert Zoller (Paris: Rene Juliard, 1949).

[30] *The Mind of Adolf Hitler*, Walter C. Langer, New York Basic Books, Inc., 1972.

한 독재자로서의 히틀러에 관한 문서는, 더 눈에 띄고 더 이상한 행동들로 부분적으로 가려지기는 했지만, 히틀러에게는 애정 결핍 장애가 있는 사람에게서 전형적으로 나타나는 다양한 행동적 표상들이 있었음을 보여 준다. 이 징후들은 그가 내면의 외로움, 열등감, 무가치하다는 느낌을 어떻게 대처하고 보상했는지 보여 준다. 이렇게 해석한다고 해서 이미 다른 학자들이 그의 심리성적(psychosexual, 性心理的) 역사에 근거하여 내놓은 흥미로운 정신 분석적 해석으로 추론한 가치를 손상시키는 것은 아니다.

히틀러는 스스로 담배와 술을 끊고 개인적인 신념 때문에 알아서 육식을 하지 않을 정도로 강한 의지를 가지고 있었다. 이것은 사이코패스의 전형적인 행동이 아니다! 그는 스스로 처분하지 못할 다양한 물건들을 열정적으로 수집했다. 반려견이나 고양이와 노는 것을 매우 좋아했지만 개인 사진사들에게는 자신이 개나 고양이와 노는 것을 절대로 찍어서는 안 된다고 엄격히 지시했다. 단것을 매우 좋아했으며, 베를린 함락 때 지하 벙커에서 지낸 절망적인 마지막 며칠 동안에도 과자와 초콜릿을 한 움큼씩 먹곤 했다.

그는 자신의 감정을 얼굴에 드러내는 일이 거의 없었다. 12년 동안 그를 수행했던 개인 비서는 그 기간 동안 그가 미소 짓는 것을 거의 본 적이 없었다고 기록했다. 그는 아무리 갑작스럽고 예기치 않은 변화에 맞닥뜨려도 항상 새로운 환경에 적응하며 변함없는 통제력을 유지할 수 있는 뛰어난 능력을 가지고 있었다. 거짓말로 이야기를 꾸며 내서든, 과장과 위선을 통해서든, 진실을 왜곡하거나 거짓으로 고발해서든, 어떻게 해서라도 자신의 목적을 이루었다. 이렇게 자신에게 득이 되는 것을 취하고 궁극적인 통제력을 획득하기 위하여 사람들을 기만하고 사건들을 조작했다. 방금 언급한 히틀러의 대처 방식들은 어떤 희생을 치르더라도 자신의 가치를 증명해야 하는 자기 수용적인 사람들이 그 목적을 이루기 위하여 필요로 하는 것들이다.

그에게 꽃이나 선물을 주는 사람들에 대한 히틀러의 과도한 반응은 존재 자체로 조건 없이 수용받지 못한 사람의 전형적인 반응이다. 히틀러는 종종 그런 사람들에게 그들이 평생 누릴 수 있는 엄청난 호의를 베푸는 것으로 보답했다. 그가 보여 준 한 인간으로서 가지는 자신의 가치에 대한 불확실성은 주치의 기록에도 잘 나타나 있다. 그는 검진을 위하여 옷을 벗는 것을 수치스럽게 여겼던 것이 분명하다. 긴 부츠를 벗고 무릎이 훤히 드러나는 바이에른 스타일의 가죽 바지로 갈아입는 것을 늘 힘들어했다.

히틀러는 여러 전투에서 엄청난 수의 병사들이 목숨을 잃었다는 보고를 받을 때면, 그것이 지휘관인 자신의 실수 때문인데도 "그것이 병사들의 본분이다!"라고 말하며 어깨를 으쓱이면서 아무것도 아니라는 듯이 떨쳐 버렸다. 그리고 독일의 여러 도시에서 연합군의 공습으로 죽는 민간인 수가 나날이 증가하고 있다는 보고에도 "나는 항상 그들에게 지하 방공호를 더 많이 만들라고 했다."라고 냉담하게 반응했다.

히틀러가 얼마나 절망적으로 스스로 자기 가치를 증명하려고 애썼는지는 다음의 일화에 매우 잘 나타나 있다. 그는 자신을 보좌하던 장군들의 사형 선고문에 하나하나 개인적으로 서명하겠다고 고집했다. 그런데 그들 중 몇몇은 불과 4년 전 프랑스의 항복을 보고 받을 때 어린아이처럼 춤을 추는 그를 지켜보았던 측근들이었다.

히틀러는 결혼한 적이 없다. 이유는 결혼이 자기 삶의 고귀한 소명과 조화를 이룰 수 없다고 생각했기 때문이었고, 여성 유권자들의 호의를 잃고 싶지 않았기 때문이었다. 하지만 더 정확한 이유는 거의 수용을 받아 본 적이 없는 사람들이 그런 것처럼 히틀러에게는 사랑을 주고받는 기쁨을 경험할 능력이 없었기 때문이라고 할 수 있다. 또한 수용받지 못한 사람이나 애정 결핍 장애가 있는 사람과 친밀한 관계에 있는 상대방도 행복을 느낄 수 없기 때문이기도 하다. 그것은 아름다운 여성 겔리에게서 증명되었다. 겔리는 히틀러의 배다른 누이의 딸로 히틀러보다 열아홉 살 어렸는데, 히틀러가 그녀와 사랑에 빠지고 나서 얼마 지나지 않아서 겔리는 총으로 자신의 심장을 쏴 자살했다. 히틀러가 유일하게 결혼을 하려고 했던 사람은 그의 정부였던 에바 브라운이었는데, 이러한 시도는 그녀를 죽이고 스스로 목숨을 끊기 얼마 전의 일이었다. 이렇게 히틀러가 자신의 가치를 입증하기 위해 시도했던 자기 수용의 노력은 결국 헛된 것이었으며 그러한 시도는 결국 그 자신과 그의 조국에 치명적인 결과를 가져왔음이 증명되었다.[31]

---

31 히틀러의 인격에 대한 이러한 정보는 네덜란드 군 지휘관들을 대상으로 한 '평화와 공격성'이라는 안나 테루웨 박사Anna A. Terruwe, M.D.의 연설에 포함되어 있다.

마릴린 먼로

히틀러에 대해서는, 스스로의 가치를 증명하기 위해 돌진했던 수용받지 못한 사람이라고 생각하기 보다는 그냥 미친 사람으로 생각하는 편이 더 쉬울 수 있다. 똑같이 수용받지 못했지만 히틀러와 반대의 경우가 노마 진 베이커인데, 마릴린 먼로라는 이름으로 더 잘 알려져 있다. 노마의 엄마, 삼촌, 외조부모는 모두 심각한 정신 질환을 앓았고, 따라서 만일 누군가가 정신 질환으로 고통을 받을 것이라고 예측한다면 그것은 바로 노마 진 베이커일 것이라고 당연히 생각할 것이다. 그러나 여러 권의 전기를 다 살펴보아도 그녀가 정신 질환을 앓았다는 증거는 어디에도 없고, 전기를 통하여 드러나는 것은 그녀가 수용받지 못한 사람이라는 것이다.

노마는 아버지가 누구인지 전혀 알지 못했다. 태어나서 얼마 지나지 않아 시설로 보내진 노마는 '구원과 채찍질'을 강조하는 사람들과 함께 살게 되었다. 어머니인 글래디스는 외로움, 고립감, 거절감 등으로 고통스러워하고 있었기 때문에 노마를 양육할 수 없었다. 아홉 살이 되던 해에 노마는 "나는 고아가 아니에요."라고 비명을 지르며 고아원으로 끌려갔다. 이 일이 있기 3년 전 노마의 어머니는 편집형 조현병으로 주립 정신 병원에 수용되었다. 많은 세월이 흐른 후 노마는 다음과 같은 글을 썼다.

🍃 울지 마, 인형아,
울지 마.
네가 잠들도록 내가 안고 흔들어 줄게.

쉿, 조용히 하렴. 나는 그런 척하고 있는 거란다.
나는 너의 죽은 엄마가 아니니까.

열여섯 살 때 짧은 결혼 생활을 한 적이 있지만,

노마가 처음으로 사랑받는다고 느낀 것은 스무 살 때였다. 그러나 노마는 "이 아이는 아내로 사는 것보다 딸로 사는 것이 더 나아!"라고 생각하는 고모와 함께 살기 위해 남편을 떠났다.

한 전기 작가는 이렇게 기록했다. "그녀는 정서적인 면에서 결핍이 매우 컸음에도 불구하고 절대 불평하지 않았다." 어린 노마는 고아원에서 탈출을 시도할 만큼 충분한 용기와 단호한 의지를 갖추고 있었다. 혼자 힘으로 영화계에 발을 들여놓기 시작했고, "자신이 결국 크게 성공할 것이라는 광적인 믿음이 점점 커지면서" 성공을 위해 다른 많은 것들을 자제했다. 영화를 찍지 않았던 스물한 살 때는 삶이 암울하게 느껴졌다. "사람들과 진정성 있는 관계를 맺을 수 없는 상황에서" 노마를 지탱해 준 것은 그녀 자신의 의지와 고집이었다. 불안과 과민증과 사람들에 대한 불신을 느꼈지만 그녀는 스스로가 "자기 자신의 일을 위한 활력소이자 기관사"였다.

노마가 마릴린 먼로가 되었을 때 그것은 물려받은 낡은 자아를 버리는 것을 의미했다. "평생 찾아 헤맨 것이 애정이라는 것에는 변함이 없었지만, 노마는 반은 아이이고 반은 여자인 마릴린 먼로라는 정체성에 금방 완벽하게 적응했고 편안하게 느꼈다."

먼로는 항상 감사했다. 벤 라이온은 먼로의 첫 번째 영화 계약이 성사되도록 돕고 15달러의 급여를 미리 지급한 적이 있었는데, 그로부터 약 6년이 지난 후 먼로는 "당신은 나를 알아봐 주었고, 나에게 이름을 지어 주었고, 아무도 나를 믿어 주지 않을 때 나를 믿어 주었습니다. 당신에 대한 나의 사랑과 감사는 영원할 것입니다."라고 쓴 사진 한 장을 그에게 보냈다.

먼로에게는 아름다움과 매력과 "지독한 야망"이 있었지만, 그러한 것도 그녀가 내적으로는 "두려움에 찬 아주 작은 사슴이나 병아리처럼 느끼고", "자신에 대한 믿음이 전혀 없고 스스로를 하찮게 여기며, 마음의 안정을 취하지 못한다는" 사실을 전혀 숨겨 주지 못했다. 뛰어난 영화 제작자 존 휴스턴과의 첫 만남에서 먼로는 "바닥에 앉아도 되는지 물어보았다."

관계가 지속되는 친구는 "다섯 손가락으로 셀 수 있었다." "그녀에게는 거의 모든 연령대의 남자와 대부분의 나이 든 여자들의 마음을 움직이고 안타까움을 느끼게 하는 의존성"이 있었다. 존재 자체로 수용받지 못한 많은 여자들처럼 먼로는 어린아이들과 있을 때 가장 편안하게 느꼈고, 그들과 소통하는 데 아무런 어려움이 없었다. 먼로는 아이들이 필요로 하는 것에 대한 예리한 감각을 지녔고 그들과 어떻게 장난을 치면 되는지 잘 알고 있었다.

먼로는 개와 고양이를 사랑했는데, "기르던 고양이가 임신하자 그 고양이를 지켜 주기 위해 고양이의 임신에 관한 글을 읽고 식사 외의 별미를 챙겨 주는 등 과도한 관심을 보였다. 심지어 비즈니스

회의 중이거나 저녁때 시내에서 나가 있을 때에도 중간에 가정부에게 전화해서 고양이가 괜찮은지 확인하곤 했다."

아기를 가질 수 없다는 것은 먼로에게 깊은 실망감을 안겨 주었다. "자신이 겪은 삶의 모든 경험에도 불구하고, 그리고 임신을 한다는 것이 잠시 영화를 못하게 된다는 것을 의미해도 먼로는 엄마가 되기를 간절히 원했다. 아니 필사적으로 성취감을 느끼길 원했다."

먼로는 자신이 사랑받을 만하다는 것을 증명하기 위해 자신의 모든 재능과 아름다움과 의지를 사용했다. "그녀는 남자들이 자신을 원한다는 생각을 즐겼다. 그런 생각은 그녀를 흥분시키고 기쁘게 해 주었고 자신이 돋보인다는 느낌이 들게 했다. 그녀는 사랑받는다는 증거가 필요했다. 이러한 느낌들은 사람들이 자신을 원하지 않는다는 내적 두려움을 부정해 주었다. 먼로는 사랑을 인간사 안에 숨겨진 기적이라고, 사랑은 평형을 유지해 주는 위대한 균형추라고 느꼈다. 그것을 찾아내는 사람이 있다면 그는 운이 좋은 사람일 것이다."

먼로는 언젠가 떨리는 손으로 노만 로스틴에게 이렇게 썼다. "추신: 금발 머리라는 이유만으로 나를 사랑해 주세요." 다음은 먼로가 가장 좋아했던 아일랜드의 위대한 시인 예이츠가 실제로 인용했던 문구인데, 그 내용이 먼로의 묘비명으로 사용될 수도 있었을 법하다.

"…하느님만이 당신이 금발 머리이기 때문이 아니라, 당신이 당신이기 때문에 사랑할 수 있습니다."

그러나 먼로는 "그녀의 말에 귀를 기울여 주고 미소 짓거나 함께 웃어 주며, 함께 논쟁해 줄 만큼 그녀에게 인간미 넘치는 환경을 만들어 줄" 준비가 되어 있던 사람들, 곧 디마지오, 밀러, 등에게서조차 사랑을 느끼지 못했다. 그녀가 혼자 있게 될 때마다 곧바로 "무시무시하고 영원할 것만 같은 텅 빈 공간이 그녀 앞에서 입을 벌리고 그녀를 맞이했다."

먼로에게 필요한 것은 진정한 수용이었다. 살면서 그녀가 누군가에게, 특히 부모와 같은 존재에게 진정한 수용을 받은 경험이 있었더라면 그녀를 성적 상징으로만 보거나 착취하거나 깎아내리려고 한 사람들에게서 받는 영향을 상쇄하고도 남는 효과가 있었을 것이다. 있는 그대로 그녀를 받아들이는 것을 거부하거나 거짓으로 수용하는 사람들에게서 먼로를 보호할 수 있는 사람들이 가까이에 있었더라면, 그들이 일관성 있고 진정성 있게 수용해 주었더라면, 그것은 먼로가 자신을 찾는 데 필요했던 유일무이한 기회가 되었을 것이다. 먼로를 있는 그대로 수용하고 보호하기 위하여 특별한 노력을 기울였던 한 정신 분석가에 대한 이야기는 가슴을 뭉

클하게 한다. 그러나 그러한 개입이 먼로에게는 너무 늦게 왔었다는 것을 지금 우리는 알고 있다. 로스틴은 이 정신 분석가 그린슨 박사의 말을 다음과 같이 인용했다.

"내가 먼로를 치료하는 방법이 이상하게 보일 수 있습니다. 하지만 나는 치료 방법에 환자를 맞추는 것이 아니라, 치료 방법이 환자에게 적합하게 맞추어져야 한다는 확고한 신념을 가지고 있습니다. 먼로는 아직 정신 분석을 위한 준비가 되어 있지 않습니다. 그녀에게는 그녀를 지지하는 분석적 심리 치료가 필요합니다. 나는 먼로가 내 가족과 친구처럼 다정하게 지내고 내 집을 방문할 수 있도록 허용했습니다. 그것은 어린 시절부터 그녀를 고통스럽게 한 애정 결핍을 만회하려면 실제 경험이 필요하다고 느꼈기 때문입니다. 나의 치료법이 상담의 일반적인 규범에 어긋나는 것으로 보일 수 있지만, 운이 따른다면 몇 년 후에는 먼로가 정신 분석이 가능한 환자가 될 수 있을 것이라고 느낍니다. 하지만 지금은 아닙니다. 내가 당신에게 이런 이야기를 하는 것은 먼로가 당신과 헤다를 가장 친한 친구로 여기고 있고, 나에게는 나의 책임을 어느 정도 공유할 수 있는 사람이 있어야 하기 때문입니다."[32]

수면제 과다 복용으로 세상을 떠났을 때 먼로의 나이는 서른여섯이었다. 방에는 여러 대의 전화기가 있었는데 먼로는 그중 하나의 전화기에 한 손을 올려놓은 채 발견되었다. 먼로에게 전화는 거의 언제나 외로움을 달래 주던 평생의 친구였다.[33]

🍃 도와주세요, 도와주세요.
도와주세요, 내가 유일하게 원하는 것이 죽음일 때

나는 삶이 더 가깝게 다가오는 것을 느낍니다.

마릴린 먼로

아돌프 히틀러와 마릴린 먼로는 아무도 자신을 원하지 않고 자신은 소중하지 않으며 사랑받지 못하는 존재라고 느꼈기 때문에 많은 고통을 겪었고,

---

32 그린슨 박사의 이러한 언급은 사람이 두 가지 종류의 신경증 곧 애정 결핍 장애와 프로이트의 고전적 억압 신경증을 복합적으로 가질 수 있다는 것을 정확하게 지적한다. 애정 결핍 장애는 사람을 억압 신경증에 취약하게 만드는 경향이 있다. 신경증은 그 유형마다 완전히 다른 치료법으로 다루어야 하지만, 수용에 대한 환자의 욕구가 지속적으로 일관성 있게 충족될 때에는 종종 동시에 다루어질 수 있다. 나는 내가 읽은 것을 근거로 마릴린 먼로에게는 애정 결핍 장애만 있었다고 믿는다.

33 마릴린 먼로에 대한 정보는 대부분 프레드 로렌스 가일즈의 책(Fred Lawrence Guiles, *Norma Jean-The Life of Marilyn Monroe*, New York: Bantam Books, Inc., 1970)과 노만 로스틴의 책(Norman Rosten, *Marilyn, An Untold Story*, New York: New American Library, Inc., 1973)에서 인용했다.

두 사람 모두 그 모든 고통을 없애 줄 것으로 생각했던 것들을 얻는 데 성공했다. 하지만 수백만 명의 존경과 두려움을 가져온 히틀러의 엄청난 권력도, 먼로의 수많은 팬들과 그녀의 치명적인 아름다움도 마음의 고통을 없애 주지는 못했다. 그들 자신이라는 선물은 오직 그들을 있는 그대로 알아주고 받아들여 주는 사람만이 줄 수 있는 선물이기 때문이다. 히틀러는 자신을 죽이기 전에 다른 많은 사람을 죽였고, 먼로는 누구도 해치지 않았지만 자살로 자기 자신을 해쳤다.

이러한 것이 바로 수용받지 못한 사람들이 자기수용을 추구할 때 생기는 비극이다. 이들이 지향하는 다음 방식으로는 아무리 노력해도 고통을 제거하는 데 실패할 수밖에 없다.
1) 이웃이 시기할 정도로 물질적 재산을 축적해도, 백만장자가 되어 원하는 것은 무엇이든 다 살 수

있어도 소용이 없다.
2) 학문적으로 성공하여 학계에서 일하고 중요한 학부의 교수로 초빙을 받을 만큼 인상적인 학위와 직함을 다수 획득하고 과시할 수 있어도 내적인 고통은 사라지지 않는다.

내가 아는 어떤 정신 의학자의 사무실 벽은 17개의 학위와 각종 전문 기관 회원증, 유명 기관의 상장들로 도배가 되어 있었다. 그런데 액자에 들어 있는 그 많은 증서들의 수는 바로 그의 외로움과 열등감의 깊이를 가장 정확하게 알려 주는 척도였다.

3) 사업 · 직업 · 성소聖召 등 다양한 분야에서 가장 높은 자리까지 올라가도 마찬가지이다.

나는 세계 최고 수준의 전문가들의 아내와 자녀들을 만난 적이 있다. 그들은 모두 그들을 수용해 줄 능력이 없는 남편과 아버지들의 피해자였다. 또한 교회에는 조직 운영에 재능이 있고 조직 내 선임자이기 때문에 교계 제도에서 가장 높은 지위까지 올라간 사람들이 많이 있다. 그런데 그들에게서 나타나는 수용적 부성애의 결핍은 사제직의 위기에 한몫을 할 뿐 아니라 그들 자신의 내적 외로움과 사람들로부터의 고립을 악화시킨다.

4) 국가적·국제적 명성을 얻어도 수용의 결핍으로 인한 고통은 사라지지 않고, 자기 자신이 그런 명성을 얻는 것이 불가능할 경우에 차선책으로 택하는 행동, 곧 유명한 사람들과 어울려 다닌다 해도 그 고통은 사라지지 않는다.

남녀 불문하고 있는 그대로 수용받지 못한 사람들을 연예계에서 자주 볼 수 있다. 그들에게는 관중의 환호가 그들이 가치 있고 중요하고 사랑스러운 존재라는 것을 '증명'해 주는 척도가 된다. 그러나 성공한 한 유명한 희극인의 예는 우리에게 다른 이야기를 들려준다. 그는 매주 여러 TV 프로그램에 고정으로 출연했고, 그 프로그램들은 모두 장기간 성공을 거두고 있었다. 하지만 그는 일정이 없는 날에는 항상 극심한 고통을 겪는 것으로 알려져 있었다. 그는 관중이 웃지 않을까, 박수갈채를 보내지 않을까, 중요한 사람이라는 말을 들어야 하는 자신의 욕구가 충족되지 않을까 항상 두려워했다!

5) 정치 · 권력 · 독재 · 비밀경찰 · 강제 수용소 · 조합 · 폭력 조직 등에서 다른 사람에게 힘을 행사하는 위치에 있어도 내적 고통은 사라지지 않는다.

나는 정신과 진료를 하면서 수용받은 경험이 없는 남녀 수도자들을 많이 만났다. 그들 가운데는 수도 공동체에서 지도적 위치에 있는 수도자도 있었고 일반 수도자들도 있었다. 가장 높은 지위에 오른 사람들은 그들에게 주어진 권위를 남용하여 있는 그대로 수용을 받아 본 적이 없는 일반 수도자들에게 맹목적인 순종을 요구하고 받아냈으며 그렇게 함으로써 자신들의 힘이 유지된다고 느꼈다. 그들이 힘을 행사하는 대상인 일반 수도자들은 대체로 소속감과 돌봄과 사랑을 느끼고 받을 수 있으리라는 희망을 품고 수도 공동체에 들어온 사람들이었다. 그러나 유감스럽게도 그들이 만나게 되는 지도적 지위에 있는 수도자들은 보통 수용할 줄 모르며, 그들이 떠나온 '어머니'나 '아버지'보다도 '더 큰 힘'을 가지고 있다는 것을 나중에야 깨닫게 되곤 했다. 내가 만난 수도 공동체의 수도자들은 지도적 위치에 있든 일반 수도자든 모두 있는 그대로 수용받지 못한, 행복하지 않은 사람들이었다.

나는 또한 교사와 교수들 가운데 예상보다 많은 수의 사람들이 수용받지 못한 경험을 가지고 있다는 사실을 알게 되었다. 그들은 유순하고 순종적인 학생들을 통하여 자신이 중요한 사람이라는 것을 느낄 수 있었지만, 자신이 있는 그대로 가치 있고 중요한 존재라고 느끼지는 못했다. 이들 가운데는 자기 반 학생들에게 지속적으로 적절한 훈육을 할 수 없어서 도움을 받으러 온 교사들이 많이 있었다.

6) 동성 관계든 이성 관계든 성적으로 문란한 행동을 해도 있는 그대로 수용받지 못한 데서 오는 고통은 사라지지 않는다.

나의 임상적 관찰에 의하면 이러한 행동은 보통 수용하는 사랑을 받아 본 적이 없어서 그 사랑을 필사적으로 추구하는 데 그 원인이 있다. 이러한 헛된 노력은 많은 동성애자들이 끊임없이 동반자를 찾아다니는 데서, 그리고 독신자와 기혼자들이 혼전 또는 혼외의 문란한 성관계를 맺는 데서 잘 드러난다. 성적으로 문란한 사람들은 그러한 행위를 중단하지 않는 한 그들 자신이 육체 때문에 사랑스러운 것이 아니라, 있는 그대로 사랑스러운 존재라는 것을 확신할 기회를 절대로 가질 수 없기 때문에 좌절감에서 벗어날 수 없다.

 수용받지 못한 많은 사람은 이 여섯 가지 자기 수용 방법들 가운데 둘 또는 그 이상을 사용한다. 그들 중 누군가가 힘과 권력이 있는 지위와 월등한 지능을 지녔고 이를 복합적으로 사용한다면 그 영향은 막대할 것이다. 만일 그가 신뢰할 만하고 정직한 사람이라는 가면을 쓰고 다른 사람들을 기만하고 조종할 수 있는 영리하고 교활하고 무자비한 사람이라면 그 영향은 거의 재앙 수준이 될 수도 있다. 이런 사람을 정신병적 거짓말쟁이나 편집증적 사이코패스와 구분하는 것은 때로 매우 어려울 수 있다. 영리하게 사람을 조종하고 자신의 가치를 증명해 보이려는, 자기 수용에 익숙하고 근본적으로 정신병적 정신 쇠약으로 고통을 받는 사람이 초래하는 위험은 매우 크다.
 나는 대부호나 교사, 주교나 지도적 위치의 수도

자, 쇼 비즈니스에 종사하는 사람들 모두가 수용받지 못한 사람이라고 주장하지는 않았다고 확신한다. '그렇다'라고 해도 전혀 수치스러운 일은 아니지만, '그렇다'라고 하지 않는 것은 그것이 사실이 아니기 때문이다. 또한 자기 수용이 항상 건강하지 않거나 아무 소득 없는 헛된 심리적 과정이라고 가정하는 것도 사실이 아니다. 진정으로 성숙하고, 있는 그대로 수용을 받은 사람이 자기 자신의 선함과 가치를 인식하고 존중하는 것은 건강한 자기 수용이며 이기적이지 않은 자기 사랑이기 때문이다.

여기서 말하는 건강한 심리적 과정으로서의 자기 수용이란 위와 같이 엄격히 제한된 의미이며, 이는 롤로 메이Rollo May가 말하는 자기 수용에 대한 이해와는 구분되어야 한다.[34] 개인 · 공동체 · 사회 ·

---

34 *Power and Innocence: A Search for the Sources of Violence*

국가의 정신적 건강이라는 관점에서 이것은 너무 중요한 문제이기 때문에, 나는 "인간에게 자기 수용self-affirmation과 자기주장self-assertion이 꼭 필요하다."[35]는 그의 주장에 대하여 이의를 제기할 필요를 느낀다. 메이가 자기주장을 "자기 수용의 더 강한 명시적 형태… 그리고 공격에 반응하는 우리 안에 있는 잠재력이라고" 정의했지만, "인간에게 자기주장이 꼭 필요하다."는 그의 의견에는 이의가 없다.

그러나 그가 자기 수용을 '인간 권력의 다섯 단

(New York: W.W.Norton & Co., 1972).

한국어 번역본 「권력과 거짓 순수」(신장근 옮김, 문예출판사, 2013)에서는 'affirmation'을 긍정이라고 번역하였다. 하지만 롤로 메이와 콘래드 바스는 각각의 저서에서 'affirmation'이라는 똑같은 단어를 서로 다른 의미로 사용하고 있으므로, 콘래드 바스의 원서에서와 같이 그 의미 차이를 설명하기 위해서 이 책에서는 'affirmation'을 "수용"으로 번역하였다. - 옮긴이 주

35 같은 책, 23쪽.

계 중 두 번째'라고 정의한 것에는 동의할 수 없다. 메이가 수용affirmation이라는 단어를 혼란스럽게 사용하게 된 원인은 자신의 책에서 수용의 의미를 정의하지 않았기 때문인 것으로 보인다. 그가 '수용'affirmation이라는 단어를 사용할 때 의미하는 것은 '주장하다'assert 또는 '사랑하다'love이다. 따라서 "도덕적인 이유로 자기 수용self-affirmation을 거부하는 것은 금욕주의적인 태도이다."라는 그의 지적은 확실히 옳지만 여기서 그가 의미하는 것은 바로 자기 사랑self-love이다.

롤로 메이가 다른 데서 "자기 자신에 대한 가치감은 다른 사람들에게서 온다."라고 썼는데, 이 경우의 수용은 내가 의미하는 것과 같다. 하지만 '사람이 가치가 있는지 없는지를 결정하는 것은 근본적으로 자신의 노력이다.'라는 것이 그가 쓴 책의 취지이며, 이러한 취지는 다음과 같은 그의 글에서 확연히 드러난다.

🌿 어떤 민족이든 그 자체의 존재 의미와 중요성을 회복하는 것이 거의 불가능한 상황에 처해 있다는 것은 참으로 비극적인 일이다. 흑인들의 상황은 이러한 비극을 가장 알아듣기 쉽게 설명해 준다. 백인들이 저지른 범죄의 핵심은 수백 년 동안 흑인들을 노예로 속박했으며, 그 후 또 100년 동안은 그들에게 육체적인 자유는 주었으나 그들을 자기 자신을 인정하고 수용하는 것이 불가능한 상황에 놓이게 함으로써 심리적으로 억압하였다는 것이다. 육체적인 노예로서 그리고 그 후에는 심리적인 노예로서 산 사람들, 누구나 알고 있는 이 폭력의 시기에 살았던 사람들은 모두 이렇게 자기 수용을 하는 것이 어렵거나 불가능했다. 흑인들은 백인들의 흥을 돋우기 위한 가수, 댄서, 연예인 또는 백인들이 점유한 사업의 출납원으로, 후에는 백인들이 타는 자동차를 만드는 사람으로서

만 그들 자신을 인정하고 받아들였다. 이런 일련의 과정으로 그들이 처한 상황에 대하여 한동안은 더 무관심해지겠지만, 결국은 과격하고도 근본적인 폭발을 초래하고 말 것이다.

다시 말해, 이 글에서 메이는 흑인들 자신이 스스로를 의사나 엔지니어, 우주인 등이 될 수 있는 사람이라고 여길 수 있었다면 자신의 중요성과 가치감 등을 제대로 느꼈을 것이라고 하는 것 같다. 이를 통하여 메이는 자기 수용 이론에 대한 자신의 오류를 다시 한 번 보여 주고 있다. 세상에는 큰 명예와 명성과 재산을 얻었지만, 여전히 자신이 가치 있고 중요한 존재라고 느끼지 못한 사람들이 매우 많기 때문이다.

롤로 메이는 그런 사람들, 곧 자기 자신을 수용하느라, 자신이 중요한 사람이라는 것을 다른 사람들에게 증명해 보이느라, 때로는 그러한 증명에 성공하기도 하지만, 평생을 바쳐 고군분투했지만 여전히 열등감과 무가치하다는 느낌으로 고통받는 사람들을 분명히 만나 보았을 것이다. 모순으로 보이는 이러한 현상, 곧 세상이 월등하고 중요한 사람이라고 알아주는 사람들의 내면에 열등감과 빈약한 자기 이미지가 존재한다는 사실에 대한 유일한 설명은 진정한 수용의 결핍이라고 할 수 있다.

롤로 메이가 실은 수용과 자기 수용의 차이를 이해했지만, 그 단어들을 적절하게 정의하지 않고 사용함으로써 그 차이점을 명확하게 드러내지 못한 것은 아니었을까? 이런 질문을 던지는 이유는 그가 다음과 같은 글을 썼기 때문이다. "프리실라는 그녀가 사는 마을에 '그를 아는 사람이 단 한 사람이라도 있었다면' 아마도 그는 자살하지 않았을 것이라고 말했다. 그녀가 의미하는 것은 무엇이었을까? 나는 프리실라가 말하고자 한 것은 '이 남자에게는 자신을 열어 보일 사람이 아무도 없었다.'라는 것이라고 생각한다. 그에게 주의를 기울이고 경청할 만큼 충분한 관심을 가진 사람이 아무도 없었다. 그녀는 그에 대한 연민을 가진 사람, 그의 자아 존중감의 근본이 되어 주었을 그런 연민을 가진 사람이 아무도 없었다고 말하고 있다. 만일 그에게 그런 사람이 있었다면 그는 자기 자신을 너무도 소중하게 여겼을 것이기 때문에 그렇게 자기 자신을 지워버릴 수 없었을 것이다."

프리실라의 말이 백번 옳다!

6

애정 결핍에서 수용으로

당신 자신과 다른 사람을 위하여
무엇을 할 수 있는가?

'네덜란드 사람은 나무에서 내려오는 고양이처럼 보일 수 있다.' 이는 네덜란드 사람들이 자기 자신을 묘사하는 말이다. 이 작은 나라에서 태어나고 자란 내가 신경증의 인과 관계와 치료, 예방 등에 관한 주제로 사람들에게 강의를 하는데 누군가 일어나 "박사님, 우리가 할 수 있는 것이 무엇입니까?"라고 열정적으로 질문을 하면 그때마다 미소를 짓게 되는 것은 놀라운 일이 아니다. 나는 보통 "아무것도 하지 마십시오. 적어도 지금 당장은! 우선 제가 여기서 말씀드리는 내용이 당신 안에 충분히 스며들고 이해되도록 시간을 가지십시오. 그리고 여유가 있을 때 그 내용에 관하여 어떤 느낌이

올 때까지 곰곰이 생각해 보십시오. 제가 말씀드린 내용으로 인해 정서적으로 마음이 움직이면 그때가 무엇인가를 시작할 때입니다!"라고 대답한다.

행동에 앞서 항상 사람 자체가 존재한다. 특히 어릴 때는 대부분의 경우에 감정이 행동보다 앞선다. 하지만 나이가 들수록 행동하기 전에 차츰 더 감정이 생각과 통합되어야 한다. 이러한 실존적 원리에 반대되는 행동은 우리에게 익숙한 다음과 같은 속담만큼이나 충격적이다. 곧 '방망이와 돌은 뼈를 부러뜨릴 수 있지만, 언어는 결코 상처를 낼 수 없다.'라는 속담이다. 그런데 이는 사실과 다르다는 것을 우리는 개인적인 경험을 통해 잘 알고 있다. 말은 다른 사람의 정신에 상처를 낼 뿐 아니라 치명적인 손상까지도 입힐 수 있다. 이러한 상황은 있는 그대로 수용한다는 표현을 했어야 하는데 하지 못했을 때, 자기 절제가 동반된 참된 사랑으로 상대방의 존재 자체를 부정하는 말을 자제했어야 했는데 그렇게 하지 못했을 때 일어난다. 감정이 배제되어 있는 언어의 사용도 같은 결과를 가져올 수 있다. 프랑스어는 '표현된 말'la parole parlee과 '의미가 자명한 말'la parole parlant의 차이점을 잘 드러낸다.[36]

다음은 수용받지 못했을 때 집중해야 할 것들이다.

1) 당신 자신이 되는 것

이것은 자신의 감정과 의견에 정직해진다는 것을 의미한다. 누군가 당신을 사랑한다는 것을 보여 줄 때 '내가 진짜 느끼는 감정이 무엇인지 알아도 그는

---

[36] 일반적으로 프랑스어에서 'la parole parlee'는 "입에서 나오는 말"을 의미하는데, 이때의 말은 의미가 없을 수도 있다. 이에 반해 'la parole parlant'는 "의미 또는 어떤 내용을 전하는 말"을 뜻한다. 본문에서 말하고자 하는 바는, 누군가에 대한 수용을 표현하지 못하는 말과 자기 절제가 없는 말, 상대방을 부정하는 말 그리고 감정이 배제된 말은 'la parole parlee' 곧 상대에게 '의미가 없는 말'이 될 수 있음을 강조한 것으로 보인다. - 옮긴이 주

여전히 나를 사랑할까? 내가 그에게 화가 났거나 그의 생각에 동의하지 않거나 그의 어떤 행동을 싫어한다는 것을 그가 알게 되면 달라질까?' 등과 같은 생각으로 스스로를 고문하고 싶은 사람은 없다. 그런데 바로 이러한 것들이 수용받지 못한 많은 사람들이 사랑받고 인정받고 싶은 열망 때문에 숨기고 있는 진짜 감정과 의견들이다. 가면을 쓴 자신이 아니라 있는 그대로 사랑받기를 원한다면 결국 당신은 당신 자신이어야 한다!

물론 오랜 세월 동안 다른 사람들이 기대하는 착한 사람으로서의 행동을 배우고 익히는 훈련을 해 왔다면 처음에는 자기 자신이 된다는 것이 두려울 것이다. 그럴 때 다음 질문에 답해 봄으로써 좀 더 쉽게 자기 자신에 다가갈 수 있다. "항상 착하게 살고 진짜 감정과 생각을 절대로 남들에게 털어놓지 않음으로써 실제로 내가 얻은 것은 무엇인가?" 아마도 당신에게는 진짜 적도 없지만, 당신이 정말 착해서 모든 사람이 당신을 좋아하는 것처럼 보여도 실제로는 진정한 친구, 곧 정말 친하고 믿을 만한 친구가 없다는 점을 인정해야 할 것이다. 느끼지도 않은 감정을 표현하는 전문가, 느끼기 두려운 감정들을 억압하는 전문가가 되어도 당신은 변함없이 이러한 경우에 처할 것이다. 이렇게 가장무도회에 참석하고 있는 수용받지 못한 사람들은 오래지 않아, 참으로 역설적이게도 그들이 너무 착하기 때문에 여전히 사랑받지 못하는 상태에 머물러 있다는 비극을 깨닫게 된다. 수용받지 못한 사람들은 모두 자기가 아닌 다른 누군가가 되려고 노력했지만 그렇게 함으로써 얻은 것은 아무것도 없다는 사실을 깨닫게 된다. 실제로 많은 사람들이 혼란과 의구심 속에서 이런 질문을 던진다. '가면을 쓰지 않은 있는 그대로의 나 자신이었던 어린 시절에는 아무도 나를 사랑해 주지 않았다고 치자. 그런데 그 후 오랫동안 나는 모든 사람을 기쁘게 해 주고 착하게 지내려고 애쓰고 노력해 왔는데, 왜 여전히 아무도 나를 사랑하지 않는 걸까?' 그러니 이제는 아주 철저히 진정성 있게 자기 자신이 되도록 용기를 내어 보자. 그러면 당신은 진정한 당신 자신으로서 다른 사람들을 대할 수 있는 자유와 다른 사람의 선함을 발견하고 그것을 잠재적인 위협으로 여기지 않을 수 있는 자유뿐 아니라, 그 사람을 수용할지 또는 심지어 수용하지 않을지에 대한 자유까지도 얻게 될 것이다.

2) 감정을 숨기거나 억압하는 것을 멈추는 용기
진정한 자신이 되기 위해서 필요한 것이다. 이것은 반드시 감정을 즉각적으로 표현하기 시작해야 한다는 뜻이 아니다. 내면적으로 느끼는 감정이 무엇이든 표현하기 전에, 필요하면 그 감정을 느끼는 것이 좋은 것임을 마음으로부터 믿고 확신할 수 있도록 몇 날, 몇 주, 몇 달이 걸리든 충분한 시간을 갖도록 한다. 전에는 두려워했던 감정들에 대하여 일단 편안하게 느끼게 되면 그 감정들을 표현하는 실험을 할 준비가 된 것이다. 당신은 스스로 가능하다고 생각했던 방법들보다 훨씬 더 많은 방법으로 각각의 감정을 표현할 수 있다는 것을 배우게 될 것이다.

특히 미움이나 화와 같이 당신을 포함한 많은 사람들이 '부정적인' 또는 '나쁜' 감정이라고 오해하고 있는 감정들에 대한 억압을 멈출 필요가 있다. 부정적이거나 나쁜 감정은 없다! 모든 감정은 좋은 것이다![37] 필요 없는 감정이란 없다. 성숙한 인간으로 살아갈 수 있도록 모든 감정이 각각 특별한 기능을 수행한다. 싫은 느낌을 더 강하게 표현할 뿐인 미움이나 화와 같은 감정들을 효과적으로 사용하지 않거나 사용할 수 없으면 해가 되는 것들로부터 스스

---

[37] 인간의 사랑은 정서적인 사랑과 의지적인 사랑(의지에 의한 행동을 의미하는)이라는 두 가지 요소를 지닌다. 마찬가지로 인간의 미움에도 순수한 정서적 감정과 의지에 의한 행동이라는 두 가지 요소가 있다.

로를 효과적으로 보호할 수 없다. 또한 자신이 원하는 것, 자신을 행복하게 하는 것에 방해가 되는 걸림돌들을 극복하는 것에 흥미도 관심도 느낄 수 없다.

처음에는 낯설게 느껴질 수 있지만 미움과 화라는 감정은 나 자신의 친구이다. 진정으로 사랑하고 사랑받기를 원하고 진정한 기쁨과 용기를 얻고자 한다면 선과 사랑이 아닌 것에 대하여 느끼는 미움이라는 감정과 친해질 필요가 있다. 또한 부당한 대우를 받거나 무시나 조종을 당할 때 느끼는 화라는 감정에 대하여 편안해질 필요가 있다.

정서적인 면에 관한 한 이것은 전부냐 아무것도 아니냐의 문제이다. 모든 감정을 다 잘 느끼거나, 다 잘 느끼지 못하거나, 전혀 느끼지 못하거나 할 것이다. 감정은 모든 사람이 태어나면서부터 가지고 있는 것이며 근본적으로 모든 사람에게 똑같이 내재되어 있으므로 우리는 특정 감정들을 느끼거나 느끼지 않으려고 선택할 수 없다. 이와 같이 감정을 선택하는 것은 본성에 어긋나는 것이므로, 그럼에도 불구하고 그렇게 하면 지속적인 긴장과 불안, 초조, 정신·신체적 장애 등의 대가를 치르게 된다.

「정신의 전체성과 치유」[38]에서 상세히 설명하고 있는 것을 간단히 요약하면, 감정은 동력이라는 것이다. 감정이 존재하는 이유는 당신을 움직이기 위해서 곧 감정의 영향을 받아 당신이 움직이게 하기 위해서이다. 사랑, 갈망, 기쁨이라는 감정이 존재하는 이유는 선하고 즐거움을 주는 모든 것의 속성인 선함에 의해 당신이 감동을 받고 움직일 수 있도록 하기 위해서이다. 이러한 마음의 움직임은 '감동적인 행동'으로 표현되기도 한다.

이와 유사하게 미움, 혐오감, 슬픔이라는 감정이

---

38 Anna A. Terruwe, M.D. and Conrad W. Baars, M.D. *Psychic Wholeness and Healing* (Rev. ed. Suzanne M. Baars, Bonnie N. Shayne, eds., Eugene, OR: Wipf & Stock, 2016).

존재하는 이유는 선하지도 않고 즐거움을 주지도 않는 것들의 영향을 받아 당신이 움직이도록 하기 위해서이다. 예를 들어, 당신이 '눈물을 흘리게 되었다.'고 하자. 만일 당신의 이성이 바람직하고 적합하다고 여긴다면 당신은 그 행동을 하게 될 것이다.

희망, 용기, 두려움, 좌절, 화와 같은 감정들이 존재하는 목적은 당신을 움직이게 하기 위해서, 곧 손발의 근육이나 말하고 쓰는 것과 관련된 근육들에 자극을 주기 위해서이다. 이런 자극을 받을 때 당신은 이성과 의지의 동의와 협력 아래, 또는 그러한 동의와 협력 없이도 자신이 원하는 것을 얻지 못하도록 방해하는 장애물들을 극복하기 위하여, 자신에게 해가 되는 것들로부터 스스로를 보호하기 위하여 어떤 행동을 취할 수 있다.

그러나 실제로 그 행동을 할지 안 할지, 한다면 어떻게 할지는 완전히 다른 문제이다. 행동에 관한 것은 당신이 느끼는 감정에 대한 이차적이고 부차적인 문제이다. 어떤 행동을 할 것인가와 언제 어떻게 그것을 할 것인가는 전적으로 상식과 이성 그리고 과거의 비슷한 상황에 비추어볼 때 현재 상황이 어떠한지에 대한 평가에 달려 있다. 절대로 두려움이 결정적 요인이 되어서는 안 된다!

항상 기억해야 할 것은 감정과 행동은 별개의 문제라는 것이다. 그 둘은 두려움에 의해서가 아니라 이성과 의지로 연결되어야 한다! 감정은 도덕적 판단 영역 밖에 존재하기 때문이다.

감정을 억압하거나 충분히 사용하지 않는 주된 이유들 가운데 하나는 감정에 대한 두려움이므로 다음과 같이 할 필요가 있다.

3) 두려움에 매달리지 않기

특히 다른 사람의 감정을 다치게 하는 것에 대한 두려움에 매달리지 않는 것이 중요하다. 이러한 두려움에 찬 태도는 오늘날 사람들 사이에 거의 유행처럼 널리 퍼져 있다. 이것은 어떻게든 다른 사람들의 감정을 헤아리는 것이 최고의 덕목이라는 잘못된 믿음에서 비롯된다. 사실 이러한 태도는 그리스도께서 이 세상에 계실 때 가져 본 적이 없는 거짓 그리스도적 덕목일 뿐이다. 그분은 사람들의 감정을 다치게 할지라도 항상 알고 계신 것을 말씀하시고 실천하셨다. 나는 정신과 진료를 하면서 '다른 사람의 감정을 다치게 한다.'는 말이 '사람들을 짜증나게 하거나 화나게 한다.'라는 말과 거의 언제나 같은 의미로 쓰인다는 것을 알게 되었다. 그리고 '나는 크게 상처를 입었다.'는 말이 '너무나 짜증이 나거나 약이 오르거나 화가 났다.'라는 의미임을 알게 되었다.

우선 '상처를 입었다.'라고 말할 때 실제로 의미하는 바는 '화가 났다.'는 것임을 알아차리는 방법을 배우고, 그 다음에는 정직하게 말하는 방법을 배우고 연습해야 한다. 그렇지 않으면 화라는 감정을 습관적으로 상처를 입은 것으로 표현하게 되고, 그렇게 하는 한 당신은 '맞아서 쓰러지고, 무기력하게 마비되어, 누군가가 와서 구해 주기를 기다리는 자아상'을 가지게 될 것이기 때문이다. 당신이 지혜로운 사람이어도 화가 나는데, 화가 났다고 말도 못하고 그 대신 상처를 입었다는 말을 사용해 버릇한다면, 당신은 잠재적으로 자기 자신을 무기력하고 힘이 없는 사람으로 느끼게 될 것이다. 반면에 화라는 말을 사용하면, 잠재적으로 자기 자신을 보호하고 싸울 준비가 되어 있는 자아상이 형성되기 때문에 자신을 용기 있는 사람이라고 느끼게 될 것이다.

다른 사람들의 감정에 상처를 입히는 것에 대한 두려움의 지배를 받고, 이 두려움에 근거한 결정을 하는 삶의 방식을 가진 수많은 사람들은 다른 사람들이 그들에게 화를 낼까 봐 두려워한다. 존재 자체로 사랑받아 본 적이 없는 이들에게 화는, 그들이 그토록 갈망하는 사랑이 배제된 감정이기 때문이다. 게다가 이들은 자신의 화를 어떻게 다루어야 하는지 모르므로 다른 사람들의 화 때문에 그들 자신이 화가 나는 것을 바라지 않는다. 화를 효율적으로 다루는 방법에 대하여는 다른 곳에서 더 자세히 설명하였다.[39]

그러므로 한 사람의 고유한 인간으로서 자신을 유지·보존하기 위해서는 두려움을 통해 자신을 보호하려고 애쓰지 말고, 때로는 자신이 틀릴 수도 있다는 점을 염려하지 말고, 서서히 성장 발전하는 자신의 이성과 상식의 지도를 받는 감정이라는 동력에 의존하자. 그리고 자신이 옳다고 알고 믿고 생각하는 것을 말하고 행함으로써 위험하게 사는 방법을 곧 다른 사람을 위험하게 하는 것이 아니라 자기 자신에게 모험이 되는 삶을 사는 방법을 배우자! 이것은 다음과 같은 추론 과정으로 감정을 단순화시키는 법을 학습한 사람들에게는 종종 가장 어려운 일로 여겨질 것이다. '나는 그가 수프를 후루룩거리며 마시면 짜증이 난다. 하지만 지금 그의 기분이 우울한데 만일 내가 짜증이 난다는 것을 표현하면 아마도 그는 더 우울해질 것이다. 그러므로 나는 나의 감정을 무시할 것이다.' 또 어떤 사람은 이렇게 추론할 것이다. '나는 메리에게 저녁 식사를 하러 가자고 초대하고 싶다. 하지만 그렇게 하면 메리는 그 이유를 궁금해할 것이고, 그녀의 친구 진은 초대를 받지 못했기 때문에 기분이 안 좋을 것이고, 또 누구누구는 무슨 일인지 궁금해할 것이다. 그러므로 메리를 저녁 식사에 초대하지 않는 편이 낫다.' 이런 사람들은 추론을 줄이고, 용기를 내어 그들의 첫 번째 정서적 충동을 따르는 법을 배워야 한다. 이들은 '살펴보지 말고 뛰어내리는'(jump before you look)[40] 법을 배워야 한다.

---

[39] *Feeling & Healing Your Emothions* (Rev. ed. Suzanne M. Baars and Bonnie N. Shayne, eds., Gainesville, Fl: Bridge-Logos, 2003).

[40] 이 말은 'Look before you jump.'(살펴보고 뛰어내려라. 곧 일을 벌이기 전에 신중하게 생각하라)는 영어 속담을 반대로 표현한 것이다. - 옮긴이 주

두려운 마음에 자신에게 일어날 수도 있는 온갖 나쁜 일들을 상상하는 데 에너지를 쓰는 대신에, 단호하게 행동하고 말하며 그러한 자신을 사람들이 존경심을 가지고 대하는 장면을 상상하는 데 에너지를 쓰자. 또한 내 감정과 생각을 표현한 것에 대해 사람들이 축하해 주는 장면을 상상하고, 불쾌한 상황들에 효율적으로 대처하는 내 모습을 상상하는 데 에너지를 사용하자. 긍정적인 상상의 힘은 긍정적인 생각의 힘보다 훨씬 더 효율적이며, 특히 완전히 이완된 상태에서 자주 이러한 상상을 하면 그 효과가 매우 크다.

4) 자기주장하는 법 배우기

이것은 앞에서 설명한 '위험하게 사는 것'에 대한 다른 표현이라고 할 수 있다. 공격과 자기주장[41]의

---

41 부록 1을 보라.

올바른 차이점을 이해한다면, 자기주장을 하는 것은 자연스러운 행동이라는 것에 동의하게 될 것이다. 그러므로 자기주장이 어떻게 당신의 존재방식에 포함될 수 있는지 배울 수 있는 모든 방법을 동원한다. 화가 날 때마다 자기주장을 하면 분노가 폭발할까 봐 두렵게 느껴진다면 실은 가장 예상치 못한 때, 곧 두려움 때문에 절대로 화를 내서는 안 된다는 태도를 계속 고집하고 있는 때야말로 분노 폭발의 위험이 가장 크다는 것을 기억하자! 먼저 미움과 사랑, 화와 용기와 같은 모든 감정들에 대하여 편안해지는 법을 배우고, 그 다음에는 장기간에 걸쳐 그러한 감정들이 자연스럽게 이성과 의지와 상호 작용을 하도록 많은 기회를 마련한다. 그러면 비로소 당신은 자신이 느끼는 화를 보여 줄지 말지, 또 보여 준다면 어떤 방식으로 보여 줄지 자유롭게 선택할 수 있게 된다.

 이렇게 되기 위하여 필요한 것은 연습과 용기 그리고 악순환을 깰 단호함이다.

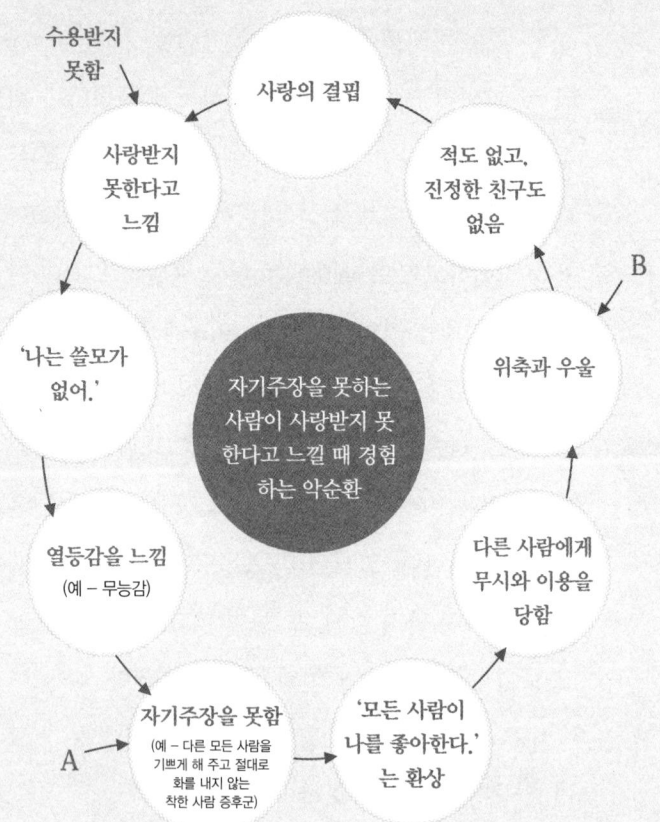

'A'는 다른 사람의 의견에 동의하지 않거나 정직한 칭찬을 하거나 자발적으로 자기 칭찬을 하거나 언행으로 솔직하게 감정을 표현하거나 짜증과 화를 억압하지 않는 등의 행동을 함으로써 악순환을 깰 수 있는 첫 번째 지점이다.

'B'는 '사랑받지 못한다는 느낌'의 악순환을 깰 수 있는 두 번째 지점이다. 우울한 사람들은 종종 그들이 왜 우울하게 느끼는지 궁금해한다. 모든 것이 아무 문제없이 잘 진행되고 있는데도 우울하게 느낀다. 이러한 문제의 뿌리에 도달하는 확실한 방법은 "왜 나는 우울하게 느끼는 것일까?"라고 묻는 것이 아니라 "무엇이 또는 누가 나를 화나게 하고 있을까?"라고 묻는 것이다. 이런 질문을 통하여 그들 대부분은 사실은 정말 화가 많이 나지만, 자신이 화나 짜증과 같은 감정을 매우 불편하게 느끼기 때문에 화가 났다는 사실을 인정하기 꺼리거나 두려워한다는 것을 깨닫게 된다.

치료가 진행 중이고 이러한 테크닉들을 성공적으로 적용하는 법을 배우고 있는 환자들의 경우에도 '나를 신경 쓰게 해서는 안 되는 작은 일들'에 그 테크닉들을 적용하지 않으면 종종 퇴보하는 것을 보게 된다. 그러나 이러한 태도가 잘못되었다는 것을 깨닫고 그것을 바로잡기 위해 무엇인가를 하면, 그들은 바로 우울에서 벗어나 자유를 향한 변치 않는 길에 들어서게 된다. 그 원인이 큰일이든 작은 일이든 화와 관련된 모든 감정은 이성의 지도를 받아 행동으로 표현되기 전에, 당사자에 의해 충분히 느껴지고 받아들여지고 존중되어야 한다. 그래야만 화의 원인을 어떻게 가장 효율적으로 다룰 것인지 선택하는 이성이 그 기능을 제대로 그리고 자유롭게 발휘할 수 있다. 앞에서 언급한 것들은 많은 에너지를 필요로 하며 따라서 다음과 같은 것이 꼭 필요하다.

5) 모든 사람을 기쁘게 해 주기 위해 안간힘을 써서는 안 된다(물론 이미 완전히 성숙하고 자유롭게 결정할 수 있는 사람이라면 그렇게 할 수도 있을 것이다).

사랑받지 못할까 봐 두려워서 모든 사람을 기쁘게 해 주려 하고, 어떤 값을 치루더라도 평화를 유지하려고 하는 것은 헛된 노력이다. 그런 노력이 당신이 갈망하는 것, 곧 있는 그대로 사랑받는 것을 절대로 보장해 주지 못하며, 무엇보다도 모든 사람을 기쁘게 해 주는 것은 여하튼 불가능하다. 모든 사람을 항상 기쁘게 해 주려고 애쓰느라고, 모든 감정을 편안하게 느끼는 방법 그리고 자기주장을 하는 방법을 배우고 연습하는 데 훨씬 더 잘 활용할 수 있는 에너지를 크게 낭비하게 된다.

수용받지 못한 사람들의 자기주장적이지 못한 생활 양식이 상당한 긴장을 초래한다는 임상적 의견은 만성적 알코올 의존자 또는 액상 진정제에 매일 지나치게 의존하는 사람들에게 도움이 될 수 있다.

알코올은 그러한 긴장을 이상적으로 해소시켜 주는 물질이지만 그 효과가 일시적이기 때문에 알코올 의존자들이 이 장에서 제시하는 지침을 따르면 많은 도움이 될 것이다. 정신과 치료를 하면서 나는 대부분의 만성 알코올 의존자들이 수용받지 못한 사람들이라는 것을 알게 되었기 때문이다.[42] 다음은 에너지를 보존하는 방법 중 하나이다.

6) 사람들을 깎아내리거나 불필요한 비판으로 자신이 더 중요한 사람으로 보이도록 애쓰지 않는다.

만일 누군가에 대하여 친절한 말을 할 수 없다면 적

---

[42] "The Alcoholic Priest"(알코올 의존증 사제), by Conrad W. Baars, M.D. in *I Will Give Them a New Heart: Reflections on the Priesthood and the Renewal of the Church* (Suzanne M. Baars and Bonnie N. Shayne, eds., Staten Island, NY: St. Pauls/Alba House, 2008).

어도 습관적으로 악의적이거나 무시하는 말을 하지 말고 또한 다음과 같은 말로 진정성 없는 수용이나 도움을 제공하지 말아야 한다. 상투적으로 "울지 마세요."라고 하거나 "애야, 그렇게 느껴서는 안 돼."라고 하지 않고, 누군가가 칭찬해 줄 때 "아, 그건 아무것도 아니에요."라고 하거나 누군가가 감사할 때 "그런 말씀하지 마세요."라고 하지 않는다. 또한 "걸핏하면 화를 내는 그 성질에 대해 어떻게 좀 해 봐."라고 하지 않고, "애야, 멋진 선물을 주신 고모님께 '감사합니다.' 하고 인사해야지."라고 하지 않는다. 수용받지 못하는 삶을 살아왔어도, 수용과 관련하여 자신과 사회를 위하여 할 수 있는 일이 있다. 그것은 적어도 다른 사람들의 있는 그대로의 모습을 부정하는 것을 멈추는 것이다. 상호적인 수용이라는 생명을 불러일으키는 일련의 과정이 시작되려면 있는 그대로의 모습을 서로 부정하고 각자 필요한 것을 각자 해결하는 일련의 자급자족 과정을 어디에선가 누군가는 중단해야 한다.

7) 선을 찾아내려고 항상 세심하게 살핀다.

우리는 비수용적인 또는 부정하는 방식으로 사람들과 관계를 맺는 대신에, 사람들 안에서 선이 아무리 잘 숨겨져 있어도 찾아낼 수 있다! 찾아내면 그것을 있는 그대로 수용하며 그 사람에게 보여 준다! 그렇게 하는 데 전문가가 되도록 노력한다! 이것은 자기 자신에게도 적용될 수 있으며 또 해야 한다.

8) 자기 자신이 아무 쓸모도 가치도 없는 사람이라고 생각하는 것을 멈춘다.

그 생각은 부모나 어린 시절에 자신에게 중요했던 사람들에게서 사랑받는다는 느낌을 받지 못했기 때문에 드는 것이다. 그들이 당신을 있는 그대로 받아들여 주지 못했다면, 그것은 그들 자신이 사랑을 받아 본 경험이 없어서거나 정서적으로 억압되고 굳어 있어서, 또는 그들 자신의 감정이 두려워서였을 것이다. 아니면 너무 바빠서 당신을 제대로 사랑할 수 없었거나 이기적인 동기로 당신의 탄생을 원망했거나, 또는 단순히 당신의 사랑스러움을 보지 못했기 때문이었을 것이다. 하지만 이유가 무엇이었든, 당신이 사랑스럽지 않거나 선하지 않거나 소중하지 않기 때문은 절대로 아니다! 한 가지 확실한 것은 당신의 부모는 당신을 사랑하는 기쁨을 잃었을 뿐만 아니라, 사랑받는다고 느낄 때 짓는 당신의 미소를 보며 그들 자신도 사랑과 수용의 기쁨을 누릴 수 있었는데 그것을 잃었다는 것이다! 그들은 당신의 고유한 가치와 선함에 대해 민감하지도 열려 있지도 못했기 때문에 소중한 것을 잃었다. 그들은 당신이 그들에게 수용받지 못해서 잃은 것 이상을, 아니면 적어도 그만큼을 잃었다.

당신이 그들에 대하여 유감스럽게 느끼든 미움을 느끼든 화가 나고 분하게 느끼든 모두 괜찮다. 앞에서 말했듯이 당신이 느끼는 이 모든 것은 감정이고, 따라서 도덕성과 죄책감의 영역에 포함되지 않는다! 당신이 선하지 않거나 가치가 없는 존재여서 그들이 당신을 그렇게 대했다고 생각하는 것을 멈춰라. 사실은 그 반대의 일이 일어난 것이다. 당신이 스스로를 하찮다고 느끼게 만들고 그 느낌 때문에 실제로 스스로를 그런 사람인 것처럼 생각하게 만든 것은 바로 그들의 행동이며 태도였다. 대부분의 아이들에게는 '어쨌든 어른들이 어떻게 잘못할 수 있겠어?'라고 생각하는 경향이 있다. 하지만 아마도 지금쯤이면 당신도 나도 어른들이 얼마나 어리석고 병적이고 틀리고 이기적일 수 있는지 너무도 잘 알 것이다.

9) 아무하고나 성관계를 갖는 것으로 진정한 수용을 받을 수 있다고 기대하지 말라.

성적인 관계가 연루되면 당신은 조만간 "그는 나와

성적 관계를 갖지 않아도 나를 사랑할까?"라고 자문하게 될 것이다. 상대방과의 동의하에 이루어져도, 물론 이 경우에는 마치 미식가가 만찬을 즐기는 것처럼 더 즐거운 경험이 될 수 있겠지만, 본질적으로 성관계는 이기적인 이유에 기반을 둔다. 그러나 일단 두 사람 사이에 사랑과 우정의 유대가 형성되고 성관계 없이도 그 유대가 지속된다는 것이 시험을 거쳐 밝혀지면, 성관계는 비이기적인 사랑의 표현이 될 수 있고 그러한 사랑이 가져오는 더 큰 행복의 표현이 될 수 있으며 또 실제로 그런 체험을 하게 된다. 물론 이렇게 되기 위해서는 높은 수준의 성숙도가 필요하다. 성적 행위의 자제를 가능하게 하고 좀 더 수월하게 해 주는 것이 바로 이러한 성숙도이다. 절제를 하지 않는 것은 이기주의의 단면이며 기존의 도덕규범에 대한 무시일 뿐 아니라, 모든 행복의 원천인 상호 수용에 손상을 가져올 수 있다. 물론 여기서 말하고자 하는 것은 결혼 생활을 하면서 임신 간격을 유지할 목적 또는 다른 이유로 성관계를 주기적으로 자제할 필요에 관해, 그리고 독신 생활, 혼외의 우정으로 맺어진 남녀 관계, 동성 간의 친구 관계에서 성관계를 영구적으로 자제할 필요에 관해서이다. 이러한 자기 절제적인 사랑에서 경험할 수 있는 기쁨은 인간이 경험할 수 있는 가장 심오한 기쁨이다.

10) **자신의 선하고 소중함을 자기 자신과 세상에 증명해 보이기 위해 애쓰는 것을 멈춘다.**

앞 장에서 이 주제를 상세하게 다루었지만 그래도 다시 한 번 상기시킨다! 다른 사람들만이 당신을 있는 그대로 수용하고 인정해 줄 수 있다! 다른 사람들만이 당신에게 당신을 선물해 줄 수 있다. 수용적인 사람이 그렇게 하도록 당신이 할 수 있는 유일한 일은 다음과 같이 기다리는 것이다.

11) 인내하며 여유 있게 열린 마음으로 기다린다.

당신이 살고 있는 세상은 대체로 겉보기에만 어른들의 세상이라는 것을 깨달음으로써 이 세상에 대한 두려움을 떨쳐 버리고, 당신만의 고유한 방식으로 당신의 고유한 삶을 살면서, 용기 있게 당신 본연의 모습으로 살면서 기다리는 것이다.

만약 당신을 둘러싸고 있는 사람들이 진정한 어른, 곧 제대로 성장한 성숙하고 비이기적인 사람들이라면, 그들은 당신을 받아들이고 당신이 당신 자신이 되는 것을 허용하며, 당신이 그들과 다른 유일무이한 존재이기 때문에 당신을 사랑할 것이다. 당신 주변의 사람들은 대부분 당신과 똑같은 배에 타고 있다는 사실을 기억하라. 그리고 실은 그들의 배는 당신의 배보다 훨씬 더 심각하게 물이 새고 있고, 항해에 부적합하다는 슬픈 진실을 자주 기억하라. 무슨 일이 일어나고 있는지 의식하지 못하면, 자기 수용을 통하여 익사하지 않으려고 안간힘을 쓰는 주변 사람들의 행동이 당신을 겁나게 할 것이다.

당신은 그들처럼 행동하여 서로를 부정하는 악순환을 유지할 수도 있고, 이 책을 통해 얻은 지식과 용기로 그 악순환의 고리를 끊어 버릴 수도 있다. 다른 사람의 있는 그대로의 모습을 부정하지 않는 당신의 단순한 태도와 이런 당신에게 동참하는 사람들의 계속적인 증가는 상호수용을 통하여 인간의 행복으로 가는 길을 열어 줄 것이다.

그러므로 수용받지 못했다고 해서 당신이 사회의 안녕과 행복에 얼마나 기여할 수 있는지를 과소평가해서는 안 된다! 당신의 개방성 없이는 수용적인 사람의 사랑도 소용이 없다. 이러한 의미에서 수용하는 사람은 수용받는 사람에게 의존한다! 곧 수용받는 사람이 수용해 주는 사람에게 의존하고 있는 것만큼이나 수용하는 사람도 수용받는 사람에게 의존한다! 수용이란 문제에 관한 한 우리 모두는 서로에게 주체인 동시에 객체가 된다!

수용은 삶의 모든 영역 곧 가정·이웃·학교·사업·직장·정치·정부·국제 관계·교회 등 삶의 모든 관계와 상황에서 우리 모두에게 꼭 필요한 것이므로, 우리 중에 수용과 관련하여 맡은 역할과 책임이 없는 사람은 아무도 없다. 이 모든 분야에서 특별히 필요한 사람은 수용을 받고 수용을 할 수 있는 지도자들이다. 수용적인 관계는 더 이상 정신과 의사의 진료실에만 국한될 수 없다. 정신과 의사, 상담사, 사회 복지사들에게 맡겨진 과제보다 더 큰 과제가 우리 모두 앞에 놓여 있다. 그것은 창조하는 사람이 되는 과제, 곧 수용을 통하여 다른 사람들로 하여금 그들이 정신적으로 기쁨과 행복에 찬 존재임을 깨닫게 하는 사람, 곧 그들에게 정신적 탄생을 선물하는 사람이 되는 과제이다!

12) 자기 자신에 친절하자.
자신 안에 있는 어린아이 같은 느낌들을 관대하게

대하자. 그들은 거기 있을 권리가 있고, 이미 훌쩍 커 버린 당신의 다른 부분들을 따라잡기 위하여 그 안에 머물며 성장할 권리가 있다!

7

수용

우리 시대의 기적

교황 요한 23세의 생애에 관한 글이 많이 있다. 5장에서 우리는 그분 생전의 모습을 수용받은 사람으로 묘사했다. 다음은 그분이 세상을 떠났을 때 만추[43]가 경험한 것으로, 세상 사람들 한가운데서 빛났던 교황 요한 23세의 수용적 영성의 위대함을 보여 준다.

 그 순간 그는 일생에 한두 번 있을 법한 일

---

43 자코모 만추(Giacomo Manzù, 1908-1991) : 이탈리아의 조각가 – 옮긴이 주

이 일어나고 있다고 느꼈다. 임종을 맞은 군주나 사망한 영웅이 한 국가의 존엄함과 유구함을 상징하는 존재로 선별되는 일이 일어난다. 고대의 타원형 돌로 포장된 이 광장뿐 아니라 그 너머 다른 많은 세상의 광장과 가정, 교회에서 수백만 명의 사람들이 그분의 죽음을 한 걸음 한 걸음 따르는 순간, 그 일이 일어나고 있었다. 조용한 계단 아래에서 들리는 나지막한 기도 소리는 목이 멘 작별 인사 이상이었다. 그것은 분열을 일으키는 증오가 인간 조건의 유일한 현실이 아님을 보여 준, 수많은 사람들의 믿음의 행위였다. 인간이 악에 취약한 경향이 있지만, 인간에게는 그 이상의 것이 있다는 것을 그분은 보여 주었다. 그분은 피부색이나 계급, 종교 등에 상관없이 자신의 내면으로부터 모든 사람들의 마음을 어루만졌다. 그것은 한 마음으로 모두의 마음에 닿아 울려 퍼졌고, 온

갖 다양성을 가진 사람들이 모두 한 가족임을 증명해 보였다. 인간에게는 이성적 능력도, 자신의 운명을 통제할 능력도 없다는, 그렇게 세상이 끔찍한 시간을 보내고 있던 시대에 교황이 보여 준 것은 우리를 안도하게 했다. 그것은 우리에게 아직 기회가 있으며, 절망해서는 안 된다고 말해 주었고, 세상이 사랑으로 다스려진다면 어떤 모습일지 잠깐이지만 보여 주었다. 그리고 그 잠깐의 경험은 나이와 종교를 불문하고 모든 사람을 이 광장으로 불러들였고, 삶과 죽음을 통하여 그러한 진리를 증명한 우리 시대의 기적인 그분이 서 계시던 창문을 올려다보도록 이끌었다.[44]

---

[44] *An Artist and the Pope: The Friendship of Manzù and John XXIII*(예술가와 교황: 만추와 교황 요한 23세의 우정), Peter Davies (London: 1968).

그분의 삶과 죽음을 통하여 경험하는 이러한 수용은 우리 시대의 진정한 기적이라고 할 수 있다! 하지만 이러한 기적을 실현한 분은 교황 요한 23세뿐만이 아니었다.

수용하시는 그리스도

그중 한 분이신 그리스도는 '수용받고 수용할 수 있는' 사람의 완벽한 모델이다. 나는 신약 성경에서 이 비범한 인물, 곧 모든 수용의 영원한 원천이신 그리스도께서 모든 사람을 수용하시는 방식, 각각의 대상에게 섬세하고 정교하게 맞춰진, 매우 아름답고 다정한 그분의 수용 방식을 보여 주는 몇 가지 예를 찾아보았다. 그리스도는 한 사람 한 사람을 정확하게 있는 그대로 사랑하셨다.

그리스도는 시몬 베드로가 닭이 울기 전에 세 번

배반할 것을 아셨지만, 그에게 등을 돌리지 않으시고 "너는 베드로이다. 나는 이 반석 위에 내 교회를 세울 것이다."(마태 16,18)라고 말씀하시며 그를 수용하셨다. 그리스도는 나약한 면이 있는 그를 자애롭게 있는 그대로 받아들이셨다.

그리스도는 마을 사람들에게 평판이 나빴던 마리아 막달레나를 있는 그대로 수용하셨다. 바리사이 시몬의 집에서 저녁 식사를 하실 때 그녀를 돌아보시며 시몬에게 말씀하셨다. "이 여자를 보아라. 내가 네 집에 들어왔을 때 너는 나에게 발 씻을 물도 주지 않았다. 그러나 이 여자는 눈물로 내 발을 적시고 자기의 머리카락으로 닦아 주었다. 너는 나에게 입을 맞추지 않았지만, 이 여자는 내가 들어왔을 때부터 줄곧 내 발에 입을 맞추었다. 너는 내 머리에 기름을 부어 발라 주지 않았다. 그러나 이 여자는 내 발에 향유를 부어 발라 주었다. 그러므로 내가 너에게 말한다. 이 여자는 그 많은 죄를 용서 받았다. 그래서 큰 사랑을 드러낸 것이다. 그러나 적게 용서받은 사람은 적게 사랑한다." 예수님께서는 그 여자에게 이르셨다. "네 믿음이 너를 구원하였다. 평안히 가거라."(루카 7,44-47.50)

그리스도는 세관장 자캐오도 있는 그대로 수용해 주셨다. 그리스도는 키가 작은 자캐오가 당신을 잘 보기 위해 돌무화과나무 위에 올라간 것을 보시고 말씀하셨다. "자캐오야, 얼른 내려오너라. 오늘은 내가 네 집에 머물러야 하겠다." 그러자 자캐오는 자신에 대한 주님의 이러한 수용에 대하여 다음과 같이 응답했다. "보십시오, 주님! 제 재산의 반을 가난한 이들에게 주겠습니다. 그리고 제가 다른 사람 것을 횡령하였다면 네 곱절로 갚겠습니다."(루카 19,5.8)

그리스도는 제자들이 돌려보낸 아이들을 다음과 같은 말씀으로 수용하셨다. "어린이들을 그냥 놓아두어라. 나에게 오는 것을 막지 마라. 사실 하늘

나라는 이 어린이들과 같은 사람들의 것이다."(마태 19,14)

세리와 죄인들을 만나시면서 그리스도는 이렇게 말씀하셨다. "튼튼한 이들에게는 의사가 필요하지 않으나 병든 이들에게는 필요하다. 너희는 가서 '내가 바라는 것은 희생 제물이 아니라 자비다!' 하신 말씀이 무슨 뜻인지 배워라. 사실 나는 의인이 아니라 죄인을 부르러 왔다."(마태 9,12-13)

유다가 입맞춤으로 당신을 배반하던 순간에 예수 그리스도는 "친구야, 네가 하러 온 일을 하여라."(마태 26,50) 하고 말씀하셨다. 그분은 그런 순간에도 단죄하지 않으셨다.

그리스도는 당신의 부활을 믿지 못한 토마스에게 나타나 의심하는 그를 있는 그대로 수용해 주신다. "네 손가락을 여기 대 보고 내 손을 보아라. 네 손을 뻗어 내 옆구리에 넣어 보아라. 그리고 의심을 버리고 믿어라."(요한 20,27)

마르타가 동생이 아무것도 하지 않고 자기 혼자 모든 시중을 들게 하는 것에 대하여 불평했을 때 그리스도는 "마르타야, 마르타야! 너는 많은 일을 염려하고 걱정하는구나. 그러나 필요한 것은 한가지뿐이다."(루카 10,41-42)라고 말씀하셨다.

그리스도는 우물가에서 유다인들이 상종하지 않던 사마리아 여인을 있는 그대로 받아들이셨다(요한 4,7-18 참조). 예수님은 "나에게 마실 물을 좀 다오."라고 말씀하셨고, 그 사마리아 여자가 남편이 없다고 인정하자, "'저는 남편이 없습니다.' 한 것은 맞는 말이다. 너는 남편이 다섯이나 있었지만 지금 함께 사는 남자도 남편이 아니니, 너는 바른 대로 말하였다."라고 말씀하셨다.

간음하다 잡힌 여자에 대하여는 그녀의 상대적인 선함에 초점을 맞추심으로써 수용해 주셨다(요한 8,7-11 참조). "너희 가운데 죄 없는 자가 먼저 저 여자에게 돌을 던져라." 그리고 친절하게 말씀하셨다. "여인아, 그자들이 어디 있느냐? 너를 단죄한 자가 아무도 없느냐? …나도 너를 단죄하지 않는다." 이렇게 수용의 말씀을 하신 후 덧붙이셨다. "가거라. 그리고 이제부터 다시는 죄짓지 마라."

하늘과 아버지에게 죄를 지은 탕자의 비유에서 아들을 있는 그대로 사랑한 사람은 바로 아버지였다. "그가 아직도 멀리 떨어져 있을 때 아버지가 그를 보고… 달려가 아들의 목을 껴안고 다정하게 입을 맞추었다."(루카 15,20)

함께 십자가에 못 박힌 도둑이 자기를 기억해 달라고 그리스도께 청하자, 그분은 이렇게 말씀하셨다. "내가 진실로 너에게 말한다. 너는 오늘 나와 함께 낙원에 있을 것이다."(루카 23,43)

그리스도를 따르는 사람들을 박해하던 사울에 관한 이야기도 있다(사도 9,3-8; 22,6-11 참조). 그가 다마스쿠스로 가던 길에 하늘에서 빛이 번쩍였고, 그 빛에 의해 장님이 된 그는 땅에 엎어져서 어떤 목소리를 들었다. 그 목소리가 "사울아, 사울아, 왜 나를 박해하느냐?" 하고 묻자, 사울이 "주님, 주님은 누구십니까?" 하고 되물었다. 그러자 그분께서 대답하셨다. "나는 네가 박해하는 예수다." 사울은 바로 자신의 의지를 내려놓고 "제가 무엇을 해야 합니까?" 하고 여쭈었다.

호숫가에서 아침을 드신 다음에 그리스도는 시몬 베드로에게 세 번 질문하시며 그가 당신을 수용해 줄 것을 청하셨다(요한 21,15-18 참조). "요한의 아들 시몬아, 너는 이들이 나를 사랑하는 것보다 더 나를 사랑하느냐?" 그리고 베드로는 세 번 대답했다. "예, 주님! …주님께서는 모든 것을 아십니다. 제가 주님을 사랑하는 줄을 주님께서 아십니다."

한 번은 예수님께서 제자들에게 "너희는 나를 누구라고 하느냐?" 하고 물으셨다. 시몬 베드로가 "스승님은 살아 계신 하느님의 아드님 그리스도이십니다." 하고 대답하였다. 그러자 예수님께서 그에게 이르셨다. "시몬 바르요나야, 너는 행복하다!"
(마태 16,15-17 참조)

수용하시는 하느님 아버지

성경에 등장하는 수용에 대한 첫 번째 예는 하느님께서 세상을 창조하시면서 매일 저녁 '보시니 만드신 모든 것이 참 좋았다.' 하신 기록에서 찾아볼 수 있다.

하느님께서는 아들 예수님을 네 차례 있는 그대로 수용하셨다. 첫 번째는 예수님께서 세례를 받으실 때이다(마태 3,16-17 참조). 하늘에서 이렇게 말하는 소리가 들려왔다. "이는 내가 사랑하는 아들, 내 마음에 드는 아들이다." 이것은 아버지의 아들에 대한 사랑의 선언이다.

두 번째는 타보르 산에서이다. 하느님께서 예수

님의 가르치는 역할을 인정해 주셨다. "이는 내가 사랑하는 아들, 내 마음에 드는 아들이니 너희는 그의 말을 들어라."(마태 17,5)

세 번째는 겟세마니에서이다(루카 22,39-46 참조). 예수님 가까이 죽음이 다가왔을 때 어떤 사람도 고뇌에 싸인 그분을 필요한 만큼, 있는 그대로 수용해 드릴 수 없었다. 제자들이 잠든 이유가 그것이다. 예수님은 아버지께서 보내신 천사의 위로를 받으셨다. 이 위로의 본질은 예수님께서 받는 고통의 목적이 선을 위한 것임을 확인받는 것이었다. 그 위로를 통해 그리스도는 고통을 견딜 수 있었으며, "아버지의 뜻이 이루어지게 하십시오."라고 응답할 수 있었다.

하느님의 당신 아들에 대한 마지막 최고의 수용은 바로 부활이었다. 부활을 통하여 그리스도는 새 생명을 얻으셨고, 인류에게는 진정한 생명 곧 구원의 문이 열렸다.

간디와 카스투르바이

이제 '수용받고 수용하는' 사람이었음이 틀림없는 두 명의 역사적 인물에 대해 짧지만 아름다운 이야기로 이 장을 마무리하려고 한다. 그것은 성자를 의미하는 '마하트마'Mahatma로 더 잘 알려진 힌두교 민족주의자이자 정신적 지도자 간디(Mohandas Karamchand Gandhi, 1869-1948)와, 그와 60년 동안 행복한 결혼 생활을 한 아내 카스투르바이에 관한 이야기이다. 간디의 부인 카스투르바이는 남편을 따라 감옥에 가서 3주 동안 함께 단식했으며, 네 명의 아들을 낳은 후 남편과 함께 정결 서약을 했다. 다음은 그녀가 간디에게 한 말이다.

🍃 저는 당신의 삶의 동반자이자 배우자가 되는 특권을 누릴 수 있었음에 감사드립니다. 또한 성관계가 아니라 자제력을 바탕으로 한, 세

상에서 가장 완벽한 결혼 생활을 할 수 있었음에도 감사드립니다. 평생 인도를 위해 일하면서 저를 동등하게 여겨 주신 것도 감사합니다. 다른 남편들처럼 도박, 경마, 여자, 술, 노래 등에 빠져 시간을 낭비하는 남편이 아니어서, 그리고 소년이 어린 시절에 가지고 놀던 장난감에 금방 싫증을 내듯이 아내와 자녀들에게 싫증을 내는 남편이 아니어서 또한 감사합니다. 그리고 사람들의 노동을 착취하여 부를 이루는 데 시간을 낭비하는 남편이 아닌 것에도 감사드립니다.

당신이 뇌물보다 신과 국가를 소중히 여기고, 신념에 대한 용기와 신께 대한 철저하고 절대적인 믿음을 가지고 있음에 감사드립니다. 신과 국가를 저보다 더 중요하게 여기는 당신이 제 남편이라는 것에 감사드립니다. 당신이 우리 삶의 양식에 가져온 크고 작은 변화들에 불평하고 반대했던, 젊은 시절의 제 부족함과 그런 저를 관대하게 받아들여 준 것에 감사드립니다.

어린아이였던 저는 당신의 부모님과 함께 살았습니다. 당신의 어머니는 선하고 위대한 여성이었습니다. 그분은 저를 교육시켰습니다. 어떻게 하면 용기 있는 아내가 될 수 있는지, 어떻게 하면 당신 곧 제 미래의 남편에 대한 사랑과 존경심을 잃지 않을 수 있는지 가르쳐 주셨습니다. 다른 많은 나라에서는 남편이 성공의 사다리를 오를 때 종종 그 아내는 버려질 수도 있다는 두려움에 괴로워한다는데, 세월이 흘러 당신이 인도에서 가장 사랑받는 지도자가 되었는데도 제게는 그런 두려움이 전혀 없었습니다. 저는 죽어서도 우리가 여전히 부부일 것이라고 확신합니다.[45]

---

[45] *Autobiography of a Yogi*, Paramahansa Yogananda (Los Angeles: Self-Realization Fellowship, 1973), p.506.

나는 '수용받고 수용하는' 우리 시대의 또 한 분의 아름다운 사람, 마더 데레사 수녀가 콜카타의 죽어가는 극빈자들을 위하여 자신의 삶을 바치기로 영감을 얻은 원천이 바로 카스투르바이가 아니었을까 생각해 본다.

부록

부록 1

자기주장과 공격성

공격에 대한 대부분의 글은 인간이 본성적으로 공격적이라는 가정에 기초한다. 웹스터에 따르면 인간에게는 '전쟁이나 논쟁을 초래하는 최초 또는 이유 없는 공격적 행위, 곧 외부의 자극 없이 적대적 행위를 할 수 있는 경향이나 특성이 있다.'고 한다.

나는 네덜란드인 동료 안나 테루웨 박사와 함께 한 연구와 임상 관찰을 통하여 인간에게는 물론 동물에게도 공격 욕구 aggressive drive가 내재되어 있다는 뚜렷한 증거를 아직 찾지 못하였다.

그러나 확실한 것은 인간에게는 내재된 주장 욕

구assertive drive, 곧 자기표현의 욕구가 있다는 것이다. 웹스터는 '주장하는'assertive이라는 낱말을 첫째, "단언하는 경향이 있는, 확신하고 선언하는, 분명하게 말하는"이라고, 둘째는 "자신의 권리나 특권 등을 유지하거나 옹호하는"이라는 의미로 정의한다. 주장 욕구는 자기 보존self-preservation 및 자기실현self-realization 욕구라고 불리기도 하는데, 자기 성취self-fulfillment 및 자기 수용self-affirmation과는 구분되어야 한다!

동물과 마찬가지로 인간에게도 이러한 욕구가 있다. 동물은 새끼나 영역을 보호하기 위하여 또는 배가 고플 때 먹이를 안전하게 지키기 위해서만 싸운다. 동물은 파괴하기 위하여 싸우는 것이 아니라 어느 쪽이 더 강한가를 정하기 위하여 싸우는데 그것이 결정되면 바로 싸움을 멈춘다.

그러나 인간에게는 공격적 성향을 습득하는 능력이 있다. 진정으로 자유로운 인간은 외부 도발

이 없어도 자신의 권력욕을 만족시키기 위하여 사람들을 죽이거나, 그들의 재산을 억류하거나, 자유를 빼앗거나, 노예로 삼을 목적으로 그들을 공격하는 데 선택의 자유를 사용할 수 있다. 그렇다면 어떤 사람이 진정으로 자유로운 사람인가? 이 질문에 대한 답은 물론 완전히 수용받은 사람이다. 수용받지 못한 사람과 달리 수용받은 사람은 다른 사람을 수용하거나 부정할 목적으로 선택의 자유를 남용할 수도 있다.

비록 낯선 사람들을 향한 행동이어도 그리고 표면적으로는 자발적으로 보이는 행동이어도 수용받지 못한 사람들의 공격적 행동은 엄격한 의미에서는 촉발된 행위이다. 그들이 마땅히 받아야 할 것을 주지 않은 사람들에 대한 감정에 의해 촉발된, 다시 말해, 그들에게 본질적으로 꼭 필요한 '자신을 선하고 가치 있다고 느끼는 경험'을 앗아간 사람들에 대한 좌절과 미움과 화에 의해 '촉발된' 자기주장 행동이다. 이 책에서 설명하고 있는 것처럼, 그들은 두 번째 탄생 또는 심리적 탄생이라는 당연한 권리를 거부당했기 때문에 이 권리를 앗아간 사람들을 미워하게 된다. 이러한 미움 때문에, 그들의 존재를 거부한 당사자들에게 또는 그들을 상기시키는 또 다른 사람들에게 폭력을 행사할 수도 있을 것이다.

살인자들에 대한 대부분의 연구는 그들이 어린 시절에 다양한 방식과 정도로 존재를 거부당했으며, 그것은 부모나 대리 부모에 의한 잔인한 폭행을 의미했고, 굴욕감, 외로움, 쓸모없다는 느낌, 자기 부정, 우울감 등을 느끼게 했고, 자살 사고自殺思考도 하게 했다는 것을 보여 준다. 이 연구들은 대부분의 살인자들은 폭력적 환경보다는 그들의 존재를 부정하는 환경 곧 그들의 심리적 탄생을 부정하는 환경에서 자랐다는 것을 보여 준다!

수용받지 못한 사람과 수용받은 사람의 폭력적

행동의 동기에는 다른 점이 있다는 것에 주목하는 이유는 이것이 폭력에 대처하려고 노력하는 사회를 위하여 특별히 중요한 의미가 있기 때문이다.

어느 쪽이든 결국 양쪽 모두 스키너와 다른 여러 사람들이 지지하는 조건화된 훈련에 의한 예방책이 필요하지 않다. 이는 수용받지 못한 사람의 '공격성'은 수용을 통해서만 예방될 수 있기 때문이다.

부록 2

수용과 행복

이 책의 소제목으로 고려했던 것 중 하나는 '수용의 결핍과 자기 수용 및 거짓 수용의 비극'이었고, 다른 하나는 '수용, 인간 행복의 열쇠'였다. 두 제목 모두 이 책의 핵심을 적절하게 표현했다. 전자에 관하여는 이 책에서 충분히 설명하고 있고, 후자에 관하여는 이렇게 묻고 싶다. "수용이 인간 행복의 열쇠라는 주장은 아우구스티노, 아리스토텔레스, 토마스 아퀴나스와 같이 진리를 사랑했던 위대한 사람들이 역설한 진리와 일치하는가?"

4세기에 아우구스티노는 놀라울 정도로 단순하

게 "원하는 것을 모두 가진 이는 매우 행복하다."고 기록했다.[46]

그 후 8세기가 지나서 토마스 아퀴나스는 아우구스티노의 이 문장을 "원하는 것을 모두 소유한 사람은 원하는 것을 소유했기 때문에 행복하다."라고 다시 쓰고, 행복의 본질이 무엇인지 강조하기 위하여 이렇게 덧붙였다. "그러나 소유는 의지에 의한 행동과는 다른 무엇인가에 의해 일어난다.[47] …소유는 인지함으로써 비롯된다. 인지하는 것이 곧 소유하는 것이다."라고 덧붙였다. 다시 말해, 아퀴나스는 행복의 본질이 지성적 행동과 연관이 있다고 생각한 것이다! 다른 데서 아퀴나스는 "인간은 지

---

46 Augustine, *De Trintate*, 13. 5. (「삼위일체론」, 성염 역주, 분도출판사, 2015)
47 *Summa Theologica* Ⅰ, Ⅱ, 3, 4, 5. (「신학대전」, 정의채 옮김, 바오로딸, 2014)

성을 통하여 아는 것을 감정을 통하여 '알게' 될 때 비로소 진정한 진리를 깨닫게 된다."고 말한다. 이렇게 아퀴나스에게 있어서 지성이란 감각적 인지와 감정을 포함하는 것임을 이해할 때, 우리는 행복의 본질에 대한 아퀴나스의 생각을 이해할 수 있다. 예를 들어, 엄마는 아이에게 난로가 뜨겁다고 반복해서 말해 주지만, 아이는 자기 스스로 느껴볼 때까지는 뜨거운 난로가 무엇을 의미하는지 충분히 이해하지 못할 것이다. 아퀴나스의 저서의 주석자 중 스페인 출신인 메디나의 바르톨로메오는 인간의 행복에 대한 아퀴나스의 생각을 다시 한 번 간결하게 묘사한다. "행복한 삶이란 소유한 것을 사랑하는 것이 아니라, 사랑하는 것을 소유하는 것을 의미한다!"[48]

---

48 1. In Ramirez, Ⅲ, 176.

이 책에서는 '수용받음'을 "한 사람이 다른 한 사람의 선함을 그 사람에게 드러내 보여 주는 것"이라고 정의했다. 이것은 수용을 받을 때 우리가 자신의 선함을 지성적으로뿐 아니라 감각적으로도 느끼고 알게 된다는 것을 의미한다. 우리는 자신이 선하고 가치 있고 소중하고 사랑스러운 존재라는 것을 감각적이고 지성적인 인식 행위를 통하여 '알게 된다.' 이렇게 우리는 사랑스러운 우리 자신 곧 우리가 사랑하는 것을 소유하게 된다. 메디나의 바르톨로메오에 의하면 이것이 바로 행복한 삶의 주요소이다!

다시 말해, '수용은 인간에게 행복의 열쇠이다. 수용해 주는 사람은 내가 나의 선함을 깨닫고 느끼게 해 주며, 내가 사랑하는 대상 곧 사랑스러운 나 자신(그리고 더 많은 것)을 소유할 수 있게 해 주며, 따라서 나는 행복해진다!'라는 우리의 주장이 위대한 철학자들의 생각과 진정으로 일치한다고 결론지을 수 있다.

감사의 말

불행하게도, 사람들은 선물에 응답하는 가장 적절한 방법이 바로 그 선물을 받는 것이라는 사실을 잘 모른다. 나는 이 책의 출판에 직·간접적으로 기여한 사람들에게서 다양한 선물을 받았으며 이에 의미를 부여해 주는 것이 바로 이 심오한 진리이다. 다음은 나에게 선물을 준 사람들이다.

나는 네덜란드 네이메헌의 안나 테루웨 박사로부터 선물을 받았다. 테루웨 박사는 18년 동안 대서양을 사이에 두고 매우 흥미로운 대화를 나눔으로써 나에게 많은 것을 가르쳐 주었다. 그녀의 가르침은 의과 대학 및 정신 의학 훈련 과정에서는 대체로 무시되었지만, 정서적·영적으로 불안하고 문제가 있는 많은 사람의 안녕을 위임받은 사람들에게는 없어서는 안 될 가르침이었다. 내가 정신 의학자로서의 '훈련'을 중단하고 심리 치료사로서의 '교육'을 받기 시작한 곳이 바로 네이메헌이었다. 이성적인 동물로서의 인간에 관한 나의 연구가 사랑이신 하느님의 모습대로 창조된 영적인 인간으로서의 인간에 관한 연구로 진전되었을 때, 마침내 나는 인간이 겪는 많은 고통이 어떻게 그리고 왜 발생하는지 이해하기 시작했다. 나는 테루웨 박사의 참신한 생각 일부를 이 책을 통하여 사람들과 나누는 것에 대하여 깊은 만족감을 느낀다. 이것은 내가 일을 하면서 새로운 차원을 경험할 때 느끼는 바로 그 만족감과 같다. 이러한 새로운 차원의 각성은 놀라운 재능을 가진 이 정신 의학자를 발견하고 받아들이기 전에 내가 경험했던 각성을 대체할 만한 것이었다.

나는 또한 프로이트의 기념비적 발견과 진정한

토마스학파의 인간학 사이의 화해를 시도한 개척자, 지극히 거룩한 구속주회의 고故 듀인스티 박사의 선물을 받았다. 처음에는 로마에서, 나중에는 네이메헌에서 듀인스티 박사는 내가 기존에 가지고 있던 인간의 시작과 끝에 관한 개념을 근본적으로 혁신시키는 철학과 신학의 여러 측면을 소개해 주었다. 그는 인간의 자유 의지라는 주제와 '~해야만 하다'must와 '~할 수도 있다'may의 차이점에 관해 반박의 여지가 없는 명백한 논리와 뛰어난 추론을 제시했고, 그것은 나에게는 서로 화해할 수 없는 것처럼 보였던 인간의 고통과 하느님의 사랑 사이의 갈등을 완전히 해결해 주었다. '토마스학파의 심리학적 관점에서 본 구원 신학'에 관한 1935년 강의와 함께 시작된 그의 심리 신학적 해석은 내가 매일 만나는 강박 신경증 환자들을 돕는 데 그 실제적 가치가 매우 크다는 것이 증명되었다.

행복을 추구하는 인간과 그 행복을 완전히 소유

하지 못하게 하는 인위적이고 심리적인 다양한 장애물의 정체를 알아내려고, 그리고 인간을 이해하려고 끊임없이 노력 중인 나를 인내심을 가지고 대해 준 내 환자들, 그들은 각자 고유한 방식으로 내게 선물을 주었다.

헬렌 스위니의 선물도 있다. 헬렌은 보통 처방전을 읽는 약사 정도는 되어야 해독이 가능한, 손으로 날려 쓴 나의 쪽지들을 인내심을 가지고 읽어 냄으로써 이 책의 원고를 재탄생시켰다. 시인이며 교사인 헬렌은 타고난 총명함으로 재치 있게, 그러나 단호하게 문법과 문체를 개선할 필요가 있다고 나를 설득했다. 그리고 그녀의 속사포 타이핑 덕분에 마침내 이 책이 세상에 나올 준비를 끝냈다.

나는 찰스 그란데의 선물도 받았다. 내 글과 안나 테루웨의 글에 관한 그의 연구는 그가 심리학 석사 학위를 받는 데 필요했던 학문적 필요조건을 충족시키고도 남았을 뿐 아니라, 이미 여러 학위를 가진 다른 많은 심리학자의 총명함과 재능을 능가했다. 아리스토텔레스-토마스 아퀴나스 심리학에 관한 찰스의 이해는 그가 미래에 성공적인 임상 심리학자가 될 것이라는 예측을 가능하게 했다.

다음은 나의 아내와 자녀들이 준 선물이다. 그들은 항상 내가 나일 수 있게 해 주었다. 내가 여러 해에 걸쳐 정신 의학 분야에서 새로운 생각들을 증진하고, 전도유망한 시도이기는 하나 인간의 약점에 노출된 임상적 시도에 그 생각들을 적용하는 모험을 하는 동안, 항상 활기차게 나와 함께 있어 주었다. 그들의 지속적인 수용은 '다른 사람의 선함에 대한 진정한 믿음은 자신과 다른 사람에 대한 비이기적인 사랑의 원천이며 자기 확신과 용기의 뿌리'라는 것을 명백하게 증명해 주었다. 지속적인 수용은 '마음속으로 가혹한 운명의 돌팔매질과 화살을 견디는 것이 더 고귀한가, 아니면 수많은 문제점에 대항하여 무기를 들고 일어나 그것들을 끝내는 것이 더 고귀한가?'라는 질문에 직면할 때마다 우리에게 견딜 수 있는 지구력을 제공해 준다.

나는 F.M., R.M., A.C., J.C.W., B.J.F., J.C.F. 그리고 다른 많은 사람의 선물도 받았다. 이들은 새롭게 계획한 일이 요구하는 것이 너무 많아 보일 때 또는 시련과 환멸감으로 인해 하느님께 대한 신앙과 항복이라는 응답이 시험대에 오르게 되었을 때 나에게 영적인 통찰과 조언을 제공하고 지지를 해 주었다.

그리고 태초부터… 첫 번째 선물을 주시는 분이 계시다!

후기

 '수용'이라는 말을 사용하는 치료 센터, 상담 센터들 그리고 수용 치료affirmation therapy를 한다고 주장하는 정신과 의사들과 심리학자들이 있는데, 나는 그들이 이 책과 우리의 다른 출판물들에서 설명하는 것과 같은 의미로 치료하는 것이 아님을 독자들에게 다시 한 번 강조할 필요를 느낀다. 대개 그들이 수용 치료라고 하는 것은 자기주장 훈련 테크닉과 탐색적 심리 치료 방법들을 혼합한 접근법 정도를 의미한다. 그러한 접근법이 가진 심각한 위험성은 애정 결핍 장애가 있고 자기주장을 못하는 사람들이 그들 자신도 수용을 받아 본 경험이 없는 상담사들을 모범 삼아 자신 있게 자신의 생각을 말할 줄 알고, 자기 자신을 수용할 줄 아는 사람이 되도록 훈련을 받는 경우가 자주 있다는 것이다.

  나는 이 나라의 여러 지역에서 '만짐, 느낌, 성^{性}'을 주제로 한 다양한 감수성 훈련 집단들이 '수용 치료'라는 이름으로 광고하고 사람들을 치료하고 있다는 사실을 보았다. 우리가 지금까지 설명한 '수용받은, 수용하는' 상담사나 집단 촉진자들은 절대로 그들이 사용하는 테크닉들을 사용하지 않는다는 것은 말할 필요도 없고, 사실 이들은 어떤 테크닉도 사용하지 않는다. 진정한 수용은 근본적으로 인간의 '행동'doing이 아니라 오직 '존재'being에 관한 것이기 때문이다! 다소 의아할 수도 있지만, 자기 수용은 인간 발달의 근본으로, 그러한 해가 되는 수용을 사칭한 센터의 출현은 결국 수용의 치유적 접촉에 관한 불명확한 말이나 행동 등에 의한 결과인 것이다.

  최근 몇 년 동안 수용을 주제로 한 다양한 저작

물들이 유포되고 책으로 출판되기도 했다. 최초로 애정 결핍 장애에 관한 상세한 설명과 함께 수용이라는 주제를 완전하고 광범위하게 설명 한 사람은 이 주제의 발견자인 안나 테루웨 박사라는 점을 고려할 때, 이 출판물들이 표절로 여겨지는 것은 당연하다. 이에 대해 반대를 주장한 사람이나 그들이 쓴 글에서 테루웨 박사와 나의 출판물들을 정확하고 적절하게 참조하지 않은 사람은 고의적으로 태만한 것이 아니라면, 물질적 결핍 증후군을 애정 결핍 장애 증후군과 혼동했거나 정신 의학 관련 문헌을 철저하게 연구하지 않은 것이다.

지금은 애정 결핍 장애라고 부르는 애정 결핍 또는 좌절 신경증에 관한 원문은 테루웨 박사의 저서에서 찾아볼 수 있다(*The Neurosis in the Light of Rational Psychology*, translated by C.W.Baars, M.D., P.J. Kenedy & Sons, New York, 1960; *De Frustratie Neurose* by Dr. A.A. Terruwe, M.D., J.J. Romen & Zonen, Roermond en Maaseik,

1962).

수용과 자기 수용의 다양한 측면에 대한 테루웨 박사의 여러 저서 가운데 몇 가지를 소개하면 다음과 같다(현재 네덜란드어로만 볼 수 있다).

- *De Liefde Bouwt een Woning*, J.J. Romen & Zonen, 1967.
- *The Abode of Love*, Abbey Press, 1970.
- *Gelouen zonder Angst en Vrees*, J.J. Romen & Zonen, 1971.
- *Geef My Je Hand*, De Tydstroom, 1972.
- *The Significance of the Work of Dr. A.A. Terruwe for Psychiatry*, by Prof. Dr. J.J.G. Prick, De Tydstroom, 1973.

옮긴이

김인호

대전교구 사제(2003년 수품)로 이탈리아 로마의 그레고리안 대학교에서 심리학 석사 학위를 받았다. 대전 삼성동 본당 주임 신부를 거쳐 현재 대전 가톨릭대학교 교수로 있다. 서울대교구 영성 심리 상담 교육원, 문화 영성 대학원, 대전 가톨릭대학교 부설 혼인과 가정 대학 등에서 강의하고 있다.

장미희

충남대학교 영어 영문학과를 졸업하고 영국 University of East London에서 상담 및 심리 치료 석사 학위를 받았다. 대전 성모여자고등학교에서 영어를 가르쳤으며, 영국 Institute of St. Anselm에서 Integrative Spiritual Counselling 상담사 및 상담 슈퍼바이저 자격을 획득하고, 동 기관에서 개인 및 집단 상담사, 상담 슈퍼바이저로 일했다. 현재 서울대교구 영성 심리 상담 교육원에서 가톨릭 상담 봉사자 양성을 위한 교육 및 상담을 하고 있다.